Reinhard Dippelreither

Das Honig Koch Buch

Leopold Stocker Verlag
Graz – Stuttgart

Umschlaggestaltung: Digitalstudio Rypka, Thomas Hofer, Graz

Umschlagfotos: Günter Hauer, Graz; „Kochen und Küche“, Jennersdorf

Fotos im Textteil: 13 Bilder Steirischer Landesverband für Bienenzucht, Dir. Josef Ulz, Graz.
8 Bilder Klaus Nowottnick, Kleinschmalkalden.
Die Bilder im Rezeptteil stellte „Kochen und Küche“, Jennersdorf, freundlicherweise zur Verfügung.

Bibliografische Information Der Deutschen Bibliothek
Die Deutsche Bibliothek verzeichnet diese Publikation in der Deutschen Nationalbibliografie; detaillierte bibliografische Daten sind im Internet über http://dnb.ddb.de abrufbar.

Hinweis:
Dieses Buch wurde auf chlorfrei gebleichtem Papier gedruckt.
Die zum Schutz vor Verschmutzung verwendete Einschweißfolie ist aus Polyethylen chlor- und schwefelfrei hergestellt. Diese umweltfreundliche Folie verhält sich grundwasserneutral, ist voll recyclingfähig und verbrennt in Müllverbrennungsanlagen völlig ungiftig.

ISBN 3-7020-1104-8

Printed in Austria
Gesamtherstellung: Druckerei Theiss GmbH, A-9431 St. Stefan

INHALT

HONIG, FLÜSSIG

Alkoholfreies

Alkoholisches

HONIG ZUM FRÜHSTÜCK

... mit sonstigem

... vom Grill

HONIG, EINFACH SÜSS

HONIG, FALSCH

HONIG, ASSOZIATIV

VORWORT

Honig ist – laut Honigverordnung – „der natursüße Stoff, der von Honigbienen erzeugt wird, indem die Bienen Nektar von Pflanzen oder Sekrete lebender Pflanzenteile oder sich auf den lebenden Pflanzenteilen befindende Exkrete (Stoffwechselprodukte; Verf.) von an Pflanzen saugenden Insekten aufnehmen, durch Kombination mit eigenen spezifischen Stoffen umwandeln, einlagern, dehydratisieren und in den Waben des Bienenstocks speichern und reifen lassen".

Diese an sich zutreffende Definition wird dem Mysterium „Honig" aber bei weitem nicht gerecht und greift auch viel zu kurz. Im vollen Honigglas lassen sich nicht nur die Energien des Bienenstocks und die Kräfte von Blüten finden. Es gibt darüber hinaus tausenderlei weitere Details – nicht nur die Liebe des Imkers zu seinem Handwerk, auch der Umgang des Landwirts mit der Saat kommt zum Tragen, Klima und Wetter während der Produktionsperiode können genauso abgelesen werden wie die Auswirkungen von Schädlingen, letztlich freilich auch der Umgang des Händlers mit diesem köstlichen Erzeugnis und die Beschaffenheit des den Pflanzen Leben spendenden Bodens. All diese (und noch viel mehr) dem Honig innewohnenden Kräfte und Eigenschaften beeinflussen, ergänzen und potenzieren einander.

Honig ist wesentlich mehr als das Ganze seiner Teilstücke; er ist ein überall verbreitetes Produkt und verkörpert als solches nicht nur die Natur allein. Honig steht für den unendlichen Reichtum der Natur!

Dieser Sachverhalt war bereits den Ägyptern des Alten Reiches bekannt, die schon vor fünf oder sechs Jahrtausenden Honig planmäßig von Honigbienen herstellen ließen. Und es ist auch nicht verwunderlich, daß bei ihnen die Hieroglyphe für Honig auch für den Pharao und das Reich stand.

Aber nicht nur bei den alten Ägyptern, bei so gut wie allen Völkern – Chinesen, Griechen, Maya, Indern, Azteken, Indianern usw. – war Honig Symbol für Reichtum, sei es in spiritueller oder monetärer Hinsicht. Honig war schon immer etwas mehr als Außergewöhnliches; deshalb war er auch Symbol für den größten menschlichen Reichtum: die Unsterblichkeit.

Es ist daher auch nicht verwunderlich, daß Honig in der modernen Psychoanalyse das „Über-Ich" symbolisiert. Die Verwandlung von vergänglichen Elementen zur Nahrung der Unsterblichkeit wird gleichgesetzt mit der Arbeit an sich selbst, mit der Wandlung der Seele hin zur Vollendung des menschlichen Wesens.

Unterzieht man Honig einer sorgfältigen Gesamtbetrachtung, kommt man zum Ergebnis, daß er nicht nur Nahrungs- und Genußmittel, sondern auch substantielles Kulturgut ist!

Dieses Buch setzt sich mit allen Facetten dieses Kulturguts auseinander – neben den bereits oben hervorgehobenen seien genannt: Heilmittel, Schönheitspflege, Deko-

„Material“ und natürlicher kulinarischer Glanzpunkt. Dabei wollen wir selbstverständlich nicht so weit gehen, zu sagen, daß eine kleine Gabe Honig die Wirkung jeder Hautcreme, jedes Hustentees hebt oder daß eine Speise ihre Vollendung erst durch Honig erhält. Dies wäre vielleicht doch etwas übertrieben. Sie, liebe Leser, werden sehen, spüren und schmecken, daß die Ergebnisse aber nicht allzuweit davon entfernt liegen.

In diesem Sinne wünsche ich nicht nur gesegnete Mahlzeit, sondern auch ein honigsüßes „Falten weg“ und „Husten, ade!“

Hinweis: Falls nicht anders darauf hingewiesen, beziehen sich die Mengenangaben auf den Appetit von vier Gourmets.

Zu den Zutaten: EL = Eßlöffel, TL = Teelöffel.

VOM HONIG

GESCHICHTLICHES

Vom Luxusgut zum Arme-Leut'-Essen

Als der Homo sapiens die Bühne dieser Welt betrat, gab es bereits seit Äonen Bienen – als ältester Beweis dafür gilt ein in Bernstein eingeschlossenes Exemplar mit einem geschätzten Alter von 35 – 40 Millonen Jahren.

Ob schon der **erste Mensch** wilden Honig erbeutet hat, ist ungewiß. Der älteste Beleg für dessen Gewinnung durch den Menschen ist eine Felszeichnung in der La Arana-Höhle von Bicorp (Spanien) vor ca. 12.000 Jahren. Es wird angenommen, daß der Bienenstock bei der Ernte mehr oder weniger zerstört wurde. Erst viel später – rund 2.000 Jahre danach – wurde der Rauch als „Erntehelfer" entdeckt, und die Bienen wurden ausgeräuchert. Somit wurde die mehrfache Entnahme von Honig aus ein und demselben Stock möglich.

Eine mehr oder weniger systematische „Bienenhaltung“ kam durch die Seßhaftwerdung des Menschen während der neolithischen Revolution auf, als er den Honig produzierenden Wildbienen künstlich hergestellte Nistplätze aus Schilf oder Stroh in der Nähe ihrer eigenen Behausung anbot. Inwieweit sich dieses Vorgehen als Beginn der Domestizierung der Biene bezeichnen läßt, ist umstritten.

Gleichgültig, ob mit oder ohne Rauch, gleichgültig, ob nah beim Haus oder fern im finst'ren Wald – die „Bienenjagd“ genannte Ernte von wildem Honig war gewiß kein „Honiglecken“, sondern äußerst gefahrvoll, manchmal sogar tödlich. Daher stand Honig auch nicht unbedingt in großen Mengen zur Verfügung und stellte somit (wahrscheinlich) das erste Luxus-Lebensmittel dar. Das sollte noch lange so bleiben.

Die **Ägypter** des Alten Reiches scheinen die ersten gewesen zu sein, die planvoll Bienenzucht und somit Honiggewinnung in künstlich hergestellten Stöcken aus übereinandergeschichteten Tonröhren betrieben (1. Dynastie, etwa um 3000, älteren Berechnungen zufolge 4000 v. Chr.). Der Sonnengott Re (auch Ra), zumindest ab der 5. Dynastie an oberster Stelle des ägyptischen Pantheons stehend, weinte eines Tages; seine Tränen verwandelten sich in der sandigen Schwüle des Niltals augenblicklich zu Honig produzierenden Bienen, die – im Dienste des Menschen – sofort ihre Arbeit aufnahmen.

Kein Wunder also, daß der Honig in Ägypten göttliche Verehrung genoß und die Biene als Hieroglyphe (zumindest in Unterägypten) auch das Königtum selbst darstellte. Der Verbrauch von Honig war enorm, er mußte sogar importiert werden. In erster Linie wurde er in der Ernährung (der Oberschicht) als Süßungsmittel verwendet; aber auch die Priesterschaft benötigte Honig als Opfergabe und Grundlage für Salben in rauhen Mengen. Nicht jedoch wurde der Honig in Ägypten – wie oft fälschlich dargestellt – zur Mumifizierung benötigt (Assyrer, Griechen und die Spartaner taten dies jedoch sehr wohl). – Nur so nebenbei: Die Biene stellt in der Geschichte der Menschheit das erste – und auch einzige – domestizierte Insekt (von annähernd 10 Millionen Arten) dar.

Für das **antike Griechenland** stammt der älteste Beweis für die planvolle Honiggewinnung aus künstlichen Stöcken aus dem im Jahr 1628 v. Chr. durch den Vulkan Thera zerstörten Akrotiri. Wie mehrere Autoren berichten, waren bessere Gelage im klassischen Griechenland ohne Honig – meist als süßende Zutat für Brote und Kuchen, aber auch für Saucen – unvorstellbar. Die Biene war Symbol für Fleiß, der Honig für Wohlstand – Honig war somit nach wie vor ein Luxusgut. Es ist daher auch nicht verwunderlich, daß bereits um 600 v. Chr. die Imkerei gesetzlich geregelt wurde (aber bereits lange vor den Griechen hatte der Hethiterkönig Telipinu – ca. 1500 v. Chr. – in einer der ältesten Gesetzessammlungen der Welt den Umgang mit Honig rechtlich verankert) und sich später Aristoteles in seinem ersten Buch mit Bienen beschäftigt.

Neben dem Gebrauch als Süßungs- fand Honig auch als Konservierungsmittel (für Obst, Gemüse, Fisch) und bei der Einbalsamierung wichtiger Persönlichkeiten Verwendung.

Mythologisch betrachtet, waren die Bienen Götterboten und/oder „Vögel der Muse“ – Honig somit die Quelle der Weisheit und Dichtkunst. Gottvater Zeus wurde auch „Bienenkönig“ genannt. Möglicherweise nahm Aristoteles deshalb an, der Honig falle fix und fertig vom Himmel und werde von den Bienen nur eingesammelt.

Für die **Germanen** war Honig die Speise der Götter und hatte daher mehr oder weniger heiligen Status. Odin verdankte ihm Kraft und Weisheit. Steuern und Abgaben mußten teilweise in Form von Honig entrichtet werden (Honigzins). Um das Jahr Null entwickelte sich langsam eine mehr oder weniger kontrollierte Hausbienenzucht (umgestülpte Strohkörbe dienten als Bienenbehausung). Doch blieb auch die Waldbienenjagd bzw. Waldimkerei / Zeidlerei noch lange bestehen – sie war ausschließlich Männern vorbehalten, die in Zünften organisiert waren und einer eigenen Gerichtsbarkeit unterstanden.

Ob und wieviel die Germanen mit Honig süßten, ist nicht überliefert. Es können aber keine großen Mengen für diesen Zweck angenommen werden, denn Honig diente hauptsächlich zur Herstellung von Met – Näheres s. Kapitel „Honig flüssig / Met", S. 47.

Quer durch die gesamte Welt des **Altertums** stellte Honig somit etwas ganz Besonderes, Magisches dar; der Grund dafür mag vielleicht in der Unerklärbarkeit des Produktionsvorganges – den biochemischen Zusammenhängen zwischen Blüte, Biene und Honig – liegen. So scheint es auch nicht verwunderlich, daß Honig als Zahlungsmittel, als Naturalsteuer und v.a. als Opfergabe diente. Honig war auch Götterspeise (so etwa wurde der juvenile Zeus damit ernährt) und mußte ferner als Synonym für den idealen Endzustand der Welt herhalten – Hindus dachten sich (u.a.) die Residenz ihrer Gottheiten inmitten eines Sees aus Nektar, in welchem Individualität und Kosmos zu einer Einheit verschmelzen und die Einzelseele in die Allseele aufgeht. Als physische Entsprechung für diesen „Nirwana" genannten unwandelbaren Daseinsfaktor wurde der Geschmack des Honigs gewählt.

Eine der wichtigsten Verwendungsarten von Honig war aber weltweit die Herstellung von Honigwein (Details dazu s. Kapitel „Honig flüssig / Met").

Grundsätzlich galt dies alles, v.a. aber die Funktion als Süßstoff, nur für eine vermögende Oberschicht. Die einfache, hart arbeitende Bauernfamilie konnte sich Honig vielleicht hin und wieder als Opfergabe leisten, als Süßstoff jedoch nie. Sie verwendete seit altersher – je nach Region – Dattelsirup, Trockenfeigen und konzentrierten Most zum Süßen.

Erst im **römischen Weltreich,** v.a. in seiner Hauptstadt und ihrer weiteren Umgebung, konnte sich Honig allgemeiner Beliebtheit erfreuen und fand Anwendung als Gewürz, Genuß- und Konservierungsmittel (selbst Fleisch wurde in Honig konserviert). Die Produktion von Honig war allgegenwärtig, das Wissen darüber zählte zur Allgemeinbildung. Von den ungeheuren Mengen kann man sich eine Vorstellung machen, wenn man weiß, daß allein die Insel Korsika im Jahre 173 v. Chr. ca. 65 Tonnen Bienenwachs als Tribut an Rom ablieferte (der Honig selbst verblieb auf der Insel, da es sich um Buchsbaumhonig handelte, der wegen seines bitteren Geschmacks in Rom unbeliebt war).

Honig stand in derart rauhen Mengen zur Verfügung, daß ihn sogar die armen, bescheidenen Leute am Land roh ohne Zutaten als Nachspeise genossen. Imker war ein angesehener Beruf, wenngleich es auch oft Qualitätsmängel gegeben haben dürfte. Im „Kochbuch des Apicius" (kurz nach dem Jahre Null erschienen, Honig wird hier mehr als verschwenderisch eingesetzt und findet sich in fast jedem Rezept) ist auch eine Anleitung zu lesen, wie man aus schlechtem Honig guten macht (man mischte einfach 1 Teil schlechten mit 2 Teilen gutem Honig). Aber nicht nur in diesem Buch – bei fast allen römischen Schriftstellern sind umfangreiche Darstellungen zu Bienen, Bienenhaltung und Honig zu finden (erwähnenswert das Lehrgedicht „Georgica" von Publius Vergilius Maro (kurz: Vergil, 70 – 19. v. Chr.). So wissen wir auch, daß Süßwasserfische auf ihrer langen Reise vom Apennin nach Rom in Honig konserviert wurden.

Weiters wird berichtet, daß man es sich grundsätzlich leisten konnte, zwischen verschiedenen Sorten zu wählen – am beliebtesten waren Thymian-, Saturei- (Bohnenkraut-) und Majoranhonig (ein Gemisch aus diesen Nektararten wurde Hymetos genannt und war der begehrteste Honig der Antike – ist es auch heute noch). Selbst nach Erntemethoden unterschied man genau: ausräuchern, abtropfen lassen, auspressen. Rauchhonig stand an letzter Stelle, Tropfhonig ganz vorne (v.a. in der Medizin).

In Zeiten der Honigknappheit (Bienenkrankheiten) behalf man sich mit eingedicktem Most bzw. Süßweinen, auch Rosinen und Dattelsirup (Dattelhonig genannt) wurden verwendet.

Eine mehr legendenhafte Methode, zu Honig zu kommen, bestand zumindest bis ins 2. Jh. v. Chr. auch darin, nach Praeneste (heute Palestrina in Mittelitalien) zu pilgern. Dort stand ein Honig spendender Olivenbaum (später wurde er durch einen der Fortuna primigenia geweihten Tempel ersetzt).

Kurz und gut: im alten Rom war Honig ein Allgemeingut, das praktisch jedermann – sei's als Genuß- oder Süßungsmittel, sei's als Medizin – zugänglich war. Mit dem Niedergang der Urbs und dem Einsetzen der (germanischen) Völkerwanderung sollte sich dies allerdings rapid ändern.

Da wir kurz zuvor das Jahr Null gestreift haben: In der Bibel – Altem wie Neuem Testament – wird Honig Dutzende Male erwähnt.

Aus der (angeblich) finstersten Zeit des **Mittelalters** (ca. 4. bis 8. Jh.) sind über Bienen wie Honig praktisch keine Informationen vorhanden. Man kann aber davon ausgehen, daß in einer Epoche der absoluten und fortdauernden Gewalt der Honigproduktion keine allzugroße Aufmerksamkeit geschenkt wurde.

Einer bedeutenden Persönlichkeit jener Zeit wollen wir aber kurz unsere Aufmerksamkeit schenken – von ca. 340 bis 4. 4. 397 lebte der große Kirchenlehrer und Schutzpatron der Imker, Wachszieher und Bienen Ambrosius – *ein Wunder an himmlischer Weisheit und Beredsamkeit.* Als der spätere Heilige noch als Säugling mit offenem Mund in Gallien in der Wiege lag, setzte sich ein Schwarm Bienen auf seinen Kopf, krabbelte in seinem Mund herum und flog nach geraumer Zeit – ohne ein einziges Mal gestochen zu haben – zur großen Erleichterung der Anwesenden wieder fort: Der christliche *Gott hat dadurch die künftige wie Honig wirkende Beredsamkeit des heiligen Ambrosius angedeutet.* Wie man sehen kann, hat das Christentum die „heidnischen" Ansichten zu Bienen und Honig ohne weitere Probleme übernommen. Die beiden Zitate stammen aus dem Werk „Leben der Heiligen Gottes auf alle Tage des Jahres..." (von P. Matthäus Vogel, Priester der Gesellschaft Jesu, Missionsdruckerei Steyl) aus dem Jahre 1906.

Erst 748 erwähnt wieder eine Urkunde den Beruf des Imkers.

Eine merkbare Änderung trat nach Etablierung des Fränkischen Reiches um 800 durch Karl I., den Großen, ein. Die (relative!) Sicherheit kam der Honigproduktion gewiß entgegen – noch dazu, da jedermann nach Süßstoff lechzte. Karl erließ mehrere Gesetze zum Schutz der Imker und befahl auch, daß jeder Gutshof über einen Imker und einen Metbauern verfügen müsse. Außerdem trieben die Riten der christlichen Kirche die Imkerei voran: Man benötigte Unmengen von Wachs für Kerzen u. dgl. Und es war nur das Wachs der Honigbiene dafür tauglich, denn ihr wurde die Tugend der Jungfräulichkeit attestiert.

Obwohl bereits Aristoteles das Verhalten der „Musenvögel" genau zu studieren pflegte, war ihm – wie den Ägyptern, Assyrern usw. – einiges entgangen. Vor allem das biologische Nichtwissen um die Zusammenhänge zwischen Königin, Drohnen und Arbeiterinnen bestimmte weltweit den Status „rein" von Bienen. Nicht nur hierzulande war man noch bis weit in die christliche Zeit hinein der Meinung, daß Bienen nicht aufgrund von sexuellen Vorgängen gezeugt, sondern von Blüten aufgenommen würden.

Etwa ab dem 8. Jahrhundert beginnt sich die Geschichte des Honigs aufs engste mit der des Zuckers zu verweben. Erlauben Sie mir daher einen kurzen Exkurs:

711 schlugen die **Mauren** in der Schlacht bei Jerez de la Frontera die Westgoten. 756 gründete das Geschlecht der Omaijaden das Emirat (später Kalifat) von Córdoba. Bereits im Vorfeld dieser islamischen Landnahme in Europa lernten die Araber aufgrund von Handelskontakten mit Indien den aus dem Zuckerrohr gewonnenen Rohrzucker kennen. Den Indern selbst war die Kunst der Rohrzuckerherstellung etwa seit dem 4. Jh. bekannt; erste Produktionsstätten befanden sich in Bihar am Ganges.

Möglicherweise haben aber bereits die Perser Jahrhunderte früher Zucker aus Zuckerrohr gewonnen, und der griechische Geograph Strabo (64/63 v. – 20 n. Chr.) berichtet, daß bereits um 325 v. Chr. ein Admiral Alexanders des Großen ein indisches „Schilf" erwähnt, „das Honig hervorbringt, obwohl da keine Bienen sind".

Jedenfalls übernahmen die Araber Pflanze wie Technik und verfeinerten ihrerseits rasch die Methode der Raffinierung.

Bereits im beginnenden 8. Jh. waren Zuckerrohrplantagen sowie Rohrzuckerproduktion auf (fast) allen Mittelmeerinseln, in Nordafrika, Syrien und Palästina sowie im südlichen Spanien etabliert worden – überall dort, wo die Araber saßen. Ob der Rohrzucker nun über die in Spanien ansässigen Araber ins christliche Europa einfloß oder ob ihn edle Ritter im Zuge der Kreuzzüge (1096 – 1291) im Orient kennenlernten und hierherbrachten, ist nach wie vor Gegenstand der historischen Diskussion. Höchstwahrscheinlich haben wir es aber mit einer zeitlichen Parallelität beider Wege zu tun.

Tatsache ist jedenfalls, daß bereits ab dem ausgehenden Mittelalter zumindest kleine Teile der privilegierten Stände (Adel, Klerus) mit Rohrzucker süßten, der Rest nach wie vor mit Honig, mit eingedicktem Most, dem eingedickten Saft von Birken – oder gar nicht. Weitaus größere Verbreitung fand der Zucker allerdings in Medizin und Pharmakologie.

Besonders groß konnte die Konkurrenz zum Honig aufgrund des hohen Zuckerpreises noch nicht sein: In der zweiten Hälfte des 14. Jh.s kostete Zucker ca. 35 % des damals aktuellen Goldwertes. Honig hingegen brachte es „nur" auf ca. 3 %. Dieser doch

„Das Honigwasser“
(Holzschnitt aus dem „Hortus sanitatis“, Straßburg, um 1500).

noch relativ hohe Preis deutet auf einen Mangel an Honig bzw. Imkern / Zeidlern hin. Inwieweit hier ein Zusammenhang mit der Tatsache konstruiert werden kann, daß die Zeidler ab ca. 1350 freie Menschen wurden, harrt noch weiterer Untersuchungen.

Der hohe Honigpreis hatte auch seine rechtliche Entsprechung – so stand auf Honigraub quer durch das ganze Mittelalter und durch Europa die Todesstrafe.

Im **15. und 16. Jahrhundert** begann sich dieser Zustand dramatisch zuzuspitzen – der Honig geriet in ernste Gefahr. Da seine weitere Historie in erster Linie als (Wirtschafts-) Geschichte der Imkerei gelesen werden muß, hier zunächst einige historische Eckdaten:

Unter Heinrich dem Seefahrer **(1394 – 1460)** lugten die ersten portugiesischen Kapitäne über den Rand der damals bekannten Welt hinaus und wagten sich entlang der afrikanischen Küste südwärts – es galt, den Seeweg nach Indien zu finden: Madeira wurde besiedelt, die Azoren und São Tomé entdeckt, Afrika bis Guinea erforscht.

1492 wurden die letzten Araber aus Spanien (Granada) vertrieben.

Am **12. 10. 1492** entdeckte Kolumbus Amerika.

Am **23. 4. 1516** verfügte Herzog Wilhelm IV. (oder sein Bruder Ludwig X. oder beide?) in Bayern das „Reinheitsgebot“ für das Brauen von Bier – „Wie das Pier summer un winter auf dem Land sol geschenckt und prauen werden“. Im gesamten deutschen Sprachraum (und nicht nur hier) folgten weitere „Bier-Ordnungen“ bzw. wurde das „Bayrische Reinheitsgebot“ übernommen.

Am **31. 10. 1517** schlug Martin Luther seine 95 Thesen zum Ablaßhandel an die Tür der Schloßkirche zu Wittenberg.

Was nun hat das alles mit Honig zu tun? Sehr, sehr viel!

Die arabischen Zuckerrohrplantagen Südspaniens gelangten in christliche Hände; Zuckerrohrplantagen wurden auch auf den Kanaren und Madeira errichtet. Bereits 25 Jahre nach Kolumbus' erster Fahrt wurde in der Karibik fleißig Zucker für Europa produziert. In Folge taten dies selbstverständlich auch alle anderen Nationen in ihren Kolonien.

Zwar überschwemmte Zucker Europa nicht gerade, doch sein Preis fiel zusehends – in der ersten Hälfte des 16. Jh.s kostete Zucker nur mehr ca. 8,7 % des damals aktuellen Goldpreises (Honig nur 1,2 %).

Das die Bierherstellung standardisierende Reinheitsgebot von 1516 ließ die Menschen erstmals gefahrlos Bier trinken. Das Zeitalter des seit drei bis vier Jahrtausenden in großen Mengen genossenen Honigweines war somit endgültig vorbei. Abgesehen vom Bier, war auch der Wein aus Weintrauben seit Jahrhunderten ein arger Konkurrent. Das durch Luther eingeleitete Zeitalter der Reformation führte zur Kirchenspaltung und zu einem enormen Rückgang des katholischen Wachsbedarfs.

Dies sind sozusagen die Hauptpunkte, die mehr oder weniger zum Niedergang der Bienenzucht in Europa geführt haben. Zwar hatte Honig noch nicht ganz ausgedient, aber da die Verdienstmöglichkeiten der Imker / Zeidler mehr als mäßig geworden waren, starb dieser Berufsstand fast aus. Die Produktion von Honig sank beinahe auf das Niveau der Subsistenz, der Selbstversorgung.

Ein leichter (vorübergehender) Aufschwung war ab 1769 zu spüren. In diesem Jahr gründete Maria Theresia die „Schule zur Förderung der Bienenzucht“ – diese Bezeichnung läßt allerlei Rückschlüsse auf den Zustand der europäischen Honigproduktion zu: Honig war zum Arme-Leut'-Essen geworden.

Diese kurz skizzierte Entwicklung kann auch anhand der Rezeptsammlungen in Kochbüchern sehr gut nachvollzogen werden. Wie bereits erwähnt, geht das Kochbuch des Apicius mehr als verschwenderisch mit Honig um. Das erste deutschsprachige Kochbuch „Kuchemeysterey“ wurde 1485 in Nürnberg gedruckt; zwar kommt Honig darin noch vor, doch Zucker beginnt ihm bereits den Rang abzulaufen. Ab dem beginnenden 18. Jh. wird Honig in der Kochbuchliteratur fast durchwegs vom Zucker verdrängt.

Dabei ist allerdings zu beachten, daß Kochbücher damals lediglich einer sehr dünnen, vermögenden Oberschicht dienlich waren und auch nur deren Küche und Eßgewohnheiten behandelten – das Gros der Bevölkerung konnte weder lesen noch sich Kochbücher leisten. Auch hatte es in der Regel keine Ressourcen für den Einkauf der teils teuren Zutaten und verfügte schon gar nicht über die nötige Ausrüstung.

Eine Ausnahme stellen die überlieferten Rezepte der „Hexen“ dar – hier kommt Zucker praktisch nie, Honig aber sehr oft vor. Details dazu im Kapitel „Gesundheitliches“, S. 39.

Im Gegensatz zu den europäischen Honig-Verhältnissen wurde in den britischen Kolonien des nördlichen Amerika, die hauptsächlich Agrarregionen waren, Honig zu jener Zeit noch in großen Mengen konsumiert – wie im Rezeptteil zu lesen. Dem ist noch heute so.

Auch an Rußland ging die oben skizzierte Entwicklung spurlos vorüber. In Moskau oder St. Petersburg kam erst im 19. Jh. Zucker auf den Tisch der Zaren und deren Untertanen.

Von Napoleon zum „Honig-Kochbuch“

Die zweite Hälfte des 18. Jahrhunderts war u.a. auch vom Ringen um die koloniale Weltherrschaft zwischen Großbritannien und Frankreich geprägt. Im Verlauf der kriegerischen Auseinandersetzungen verlor Frankreich nicht nur Besitzungen im nördlichen Amerika, sondern 1783 auch seine reichste Kolonie: Saint Domingue (heute Haiti). Die Wurzel des Reichtums war der Rohrzucker. Pro Jahr kamen ca. 100.000 t davon ins französische Mutterland. Infolge des Verlustes darbte dieses an Zuckermangel, dem bald der Brotmangel und weitere ernährungstechnische Kalamitäten folgen sollten.

Als Napoleon am 13. 12. 1799 das erreichte, was er wahrscheinlich schon immer wollte – erster Mann im Staat zu sein –, war er aufgrund der tristen Versorgungslage in Frankreich ziemlich nervös. Als enorm interessierter und äußerst fortschrittsgläubiger Staatsmann kannte er einen gewissen Herrn Andreas Sigismund Marggraf (1709 – 1782), Vorstand des Laboratoriums der Akademie der Wissenschaften zu Berlin. Der gute Mann hatte 1747 nicht nur das Vorhandensein von Zucker in der Runkelrübe (sowie in Karotten/Mohrrüben, Pastinaken usw.) entdeckt, sondern auch ein (theoretisches) Verfahren entwickelt, diesen zu isolieren. Aber erst sein Schüler Franz Karl Achard (1753 – 1821) errichtete im damals deutschen Cunern bei Breslau die erste Zuckerfabrik, in der in großem Maßstab Zucker aus Runkelrüben bereitet werden konnte – nicht nur Friedrich Wilhelm III., auch Napoleon I., dem durch die britische Kontinentalsperre das kulinarische Wasser bis zum Hals stand, unterstützten großzügig dieses Vorhaben.

Rund dreißig Jahre später war ganz Europa mit Achardschen Runkelrüben-Zuckerfabriken überzogen und der Rohrzucker so gut wie verschwunden. Neben verarmten Kolonien (auf Jamaika sank die Produktion von 100.000 t Rohrzucker im Jahre 1801 auf lächerliche 5.000 t im Jahr 1913 für den Eigenbedarf), abertausenden „arbeitslosen“ Sklaven (Rohrzuckerproduktion in der Karibik war ausschließlich Sklavenarbeit) und den bekannten sozialen Folgen sowie hunderten Frächtern und Händlern waren auch die Imker Opfer der Zuckerfabriken geworden. Aufgrund der geringen Herstellungskosten und somit eines ansprechenden Marktpreises sanken die Nachfrage nach sowie die Produktion von Honig von heute auf morgen auf (fast) Null. Zurück blieben einige Hobby-Imker, die dieses Jahrtausende alte Handwerk verbissen weiterpflegten.

Das zaristische Rußland hinkte dieser rapiden Entwicklung etwas nach; erst gegen Ende der zweiten Hälfte des 19. Jh.s avancierte Runkelrübenzucker zum allgemeinbekannten Gut. Dies soll aber noch lange nicht heißen, daß sich alle Russen Zucker leisten konnten.

Mit nur wenigen Ausnahmen verlief die Entwicklung weltweit in den oben vorgestellten Bahnen. Der einzige bemerkenswerte Unterschied: In tropischen Ländern wurde der Honig vom Rohrzucker verdrängt, in solchen der gemäßigten Zone vom Rübenzucker.

Eine bemerkenswerte Ausnahme stellt Äthiopien dar; es verweigert sich (großteils) dem Zucker bis heute. Seit 1882 versuchte Italien, dort ein Kolonialreich zu errichten, wurde aber 1896 bei Adua vernichtend geschlagen. Auch der zweite Versuch Roms, hier seßhaft zu werden – 1936 bis 1942 –, scheiterte kläglich. Beide Male brachten die Besetzer auch ihre Kulinarik mit – Spaghetti, köstliches Weißbrot und Wein blieben, der Zucker aber wurde – außer hin und wieder zum Süßen von Kaffee – nicht angenommen. Bis heute werden in Äthiopien Speisen und Getränke mit Honig bzw. Honigwein („tetsch" genannt) gesüßt. Einige Rezepte dazu finden Sie im Kapitel „Honig, festlich", S. 84.

Eine fast schon kurios anmutende Ausnahme stellen auch die USA dar: Entgegen dem heutigen Status als größte Industriemacht der Welt, waren die Vereinigten Staaten bis zum beginnenden 20. Jh. ein reiner Agrarstaat (noch heute werden über 70 % des Landes agrarisch genutzt). Die großen technischen Neuerungen Europas gingen an den meist mehr als konservativen Bauern vorerst spurlos vorüber, so auch der Zucker. Neben dem Saft des Zuckerahorns *(Acer sacharum)* wurde auch mit Honig gesüßt – das war die richtige Ernährung auf dem Land. Rüben- oder Rohrzucker waren lediglich in Großstädten gebräuchlich. Im ausgehenden 20. Jh. haben die USA Europa und den Rest der Welt nicht nur industriell, sondern auch in bezug auf den Zuckerkonsum mehr als überflügelt. Nirgendwo wird mehr Zucker pro Kopf gegessen als dort, aber auch (fast) nirgendwo wird soviel Honig verspeist: Blickt man heute in ein US-amerikanisches Kochbuch, findet man Honig allerorten. Blickt man hingegen in europäische Kochbücher des 20 und 21. Jh.s, so wird Honig als Zutat auf einige wenige Rezepte beschränkt, die an einer Hand abzuzählen sind – Lebkuchen, Honigbrot, Honigmilch, Honigzopf – fertig! Schade, sehr, sehr schade...

Im Prinzip werden alle anderen Süßspeisen mittels Zuckers gesüßt, auch frühe Gesundheits- und Wellness-Pioniere, wie Rudolf Steiner, Maximilian O. Bircher-Brenner usw., postulierten nichs wesentlich anderes. Honig war sozusagen „out", auch nicht in großen Mengen verfügbar und teuer; Zucker hingegen war „in", an jedem Eck und End' verfügbar und außerdem wesentlich billiger. Noch eines gesellte sich hinzu: die Gefahren des Zuckerkonsums (Übergewicht, Zahnverfall usw.) wurden zu Beginn des 20. Jh.s nicht erkannt, konnten von Ärzten, Kochbuch-Autoren usw. nicht erahnt werden. Denn der Mensch nahm damals täglich lediglich ca. 30 g Zucker zu sich, heute sind es aber rund 100 g/Tag!

Im Deutschen Imkerbund sind ca. 83.000, im Österreichischen knapp 24.000 ImkerInnen registriert. Beim Gros (ca. 80 %) handelt es sich um Hobby- und FreizeitimkerInnen, 1 – 2 % sind VollerwerbsimkerInnen, dazwischen liegt die Zahl der Zuerwerbs-/Nebenerwerbs-ImkerInnen. In der Regel wird Honig heute hauptsächlich von (männlichen) Imkern gewonnen; Imkerinnen sind nach wie vor in der Minderzahl, ihr Anteil weist jedoch deutlich steigende Tendenz auf.

In Deutschland werden im langjährigen Schnitt pro Jahr ca. 22.000 t Honig gewonnen, der Gesamtbedarf liegt bei ca. 90.000 t; die Differenz wird vorwiegend aus Argentinien, Mexiko, Ungarn und auch China importiert. In Österreich werden ca. 5.000 t produziert, genausoviel wird importiert (vornehmlich aus China, Kuba, Ungarn).

Weltmeister im Honigschlecken sind die Deutschen: sie verzehren knapp 1,5 kg Honig/Jahr, der Pro-Kopf-Verbrauch in Österreich liegt nur unwesentlich darunter.

Eines noch zum Abschluß:

Bis heute ist der Honig — (zumindest) in Teilen Vorarlbergs – Sinnbild für Reichtum. Die Redewendung „...dea het an honi'" („...der hat einen Honig") meint nichts anderes als „der hat viel Geld!“. Die Wendung „...dea het an honi’ k’het („...der hat einen Honig gehabt“) besagt, daß jemand Glück gehabt hat. Letztendlich finden sich beide in den Worten „...’n honi’ habe“ wieder. Sie bedeuten – quasi als letzte Konsequenz der beiden zuvor genannten Wendungen – eine enge Freundschaft: „...den Honig haben“ – Einklang mit der Natur = Einklang mit den Menschen. Schön!

WARENKUNDLICHES

Wie wir bisher gesehen haben, ist Honig Symbol für Reichtum, Erkenntnis, Wissen, Weisheit, Dichtkunst, höchste Glückseligkeit, Nirwana und das Über-Ich; er ist das Wort, die Milde, Gerechtigkeit, Tugend und göttliche Güte; er bewahrt Gesundheit und läßt sogar Tote auferstehen usw. usf. – Honig ist ganz einfach magisch, mystisch, göttlich...

Im beginnenden 3. Jahrtausend interessiert uns aber mehr – es interessieren uns auch die profanen Dinge des Alltags: In diesem Kapitel lassen wir den Honig ein ganz normales, säkulares Nahrungsmittel sein.

Entstehung

Um ein Kilogramm Honig zu erzeugen, muß eine „Sammlerin“ zunächst einmal (hochgerechnet) ca. 10 – 15 Millionen Blüten besuchen und den darin vorhandenen Nektar mit ihrem Rüssel aufnehmen. Sie legt dabei einen Weg von rund 250.000 km zurück und

Moderner Bienenstand – Produktionsstätte des Honigs.

Ein Teil der Honigwaben ist bereits gefüllt.

befliegt im Schnitt ca. 30 Blüten pro Minute. Ein Bienenvolk / Bienenstock umfaßt durchschnittlich 30.000 – 70.000 Bienen und produziert innerhalb einer Saison etwa 1 kg Honig am Tag; dazu benötigen die Bienen ca. 7 l Nektar oder Honigtau.

Die „Sammlerin" leitet den aufgenommenen Nektar weiter in ihre „Honigblase" (auch „Honigmagen" – eine sackartige Erweiterung zwischen Speiseröhre und Magen). Dort wird der bereits durch deren Speichel veränderte Nektar zwischengelagert und zum Stock transportiert (Transportleistung: ungefähr das Körpergewicht der „Sammlerin"). In diesem übernehmen dann „Futterabnehmerinnen" den Saft aus der „Honigblase".

Der bereits veränderte Nektar durchläuft nun Dutzende weiterer Bienenmägen – die „Futterkette" – und sonstige Zwischenstationen, dabei wird er mechanisch, physikalisch wie biochemisch weiter verändert. Letztendlich landet der über unendliche Strecken transportierte und dabei vielfach veränderte Nektar in „Wabenzellen". Bevor diese „verdeckelt" werden, wird er noch mehrmals von Zelle zu Zelle umgelagert. In den „verdeckelten Wabenzellen" reift das Produkt weiter heran.

Man kann erst nach einer gewissen Reifezeit – die Dauer ist von mehreren Faktoren abhängig, z.B. Klima und Wetter – von Honig sprechen; exakt eigentlich erst dann, wenn der Imker die Wabenzellen „entdeckelt" und den umgewandelten Nektar entnimmt.

Die angesprochenen Veränderungen sind massiv – die Ausgangsprodukte haben nicht nur optisch mit dem Endprodukt nichts mehr gemein. Vornehmlich betreffen diese Veränderungen eine Verringerung des Wasser- und eine Erhöhung des Enzymgehalts.

Soweit, so gut – aber weshalb tut sich die Biene all das an? Zum geringeren Teil wird die Brut mit Honig gefüttert (in erster Linie mit Pollen aus eigenen Pollenzellen), auch die im Stock arbeitenden Bienen naschen davon. Hauptgrund der Honigproduktion ist jedoch die Nahrungsreserve, denn Bienen sind keine Zugvögel, sondern überwintern hierzulande – in eiskalten Regionen – in einer Art Kältestarre. Sinkt jedoch die Temperatur im Stock unter 13° C, muß er durch Flügelschwirren „aufgeheizt" werden – für diese Tätigkeit benötigen die Bienen energiereiches Futter, den Honig. Da der Imker nicht den Verlust seines Volkes im Auge hat, läßt er einen Teil des Honigs im Stock.

Für den entnommenen Teil bietet er den Bienen zeitgerecht eine Zuckerlösung in Stocknähe an – aus ihr bereiten die Bienen wiederum das dringend benötigte energiereiche Winterfutter.

Zusammensetzung

Bisher konnten in Honigen knapp 250 Bestandteile nachgewiesen werden. Für 100 g Honig liest sich das – ziemlich vereinfacht – folgendermaßen:

Ca. 80 g Zucker (ca. 40 % Fruchtzucker/Fructose, ca. 30 % Traubenzucker/Glucose, sehr wenig Maltose wie Saccharose, ca. 10 % Vielfachzucker), 0,3 g Aminosäuren/Eiweiße, 17 – 20 g Wasser, je ca. 45 mg Natrium und Kalium, 20 mg Phosphor, 5 mg Kalzium, 3 mg Magnesium, 1 mg Eisen, 0,01 mg Niacin (Vitamin B-Komplex), 0,05 mg Vitamin B 2/Riboflavin, 0,03 mg Vitamin B1/Thiamin/Aneurin. Ferner noch in Kleinstmengen Enzyme (Invertase, mehrere Diastasen, Katalase, Amylase, Phosphatasen und die wichtige Glucoseoxidase), anorganische Säuren (Phosphor- und Salzsäure), Mineralstoffe und Metalle (neben den bereits oben erwähnten zusätzlich Kupfer, Phosphor, Schwefel, Mangan, Silizium, Chlor, Chrom, Zink), Vitamine (zu den bereits oben genannten gesellen sich Adermin/B 6, Pantothen- und Folsäure, beide ebenfalls Vitamin B-Komplex, Biotin / Vitamin H; der Gehalt an Vitamin C ist jedoch mehr als gering), Hormone (Acetylcholin), Inhibine / Bakterizide (Wasserstoffperoxid, Lysozym), Farbstoffe (Flavone, Carotine) und jede Menge Aromastoffe (Alkohole, Aldehyde und Ketone, wie z.B. Formaldehyd, Azetaldehyd, Azeton, Diazetyl, Sequiterpene; ätherische Öle (Menthol, Pinen, Phellandren, Thymol usw.).

Verwirrend genug, nicht?

Es wird aber noch verwirrender, denn es verhält sich so, daß natürlich (im wahrsten Sinn des Wortes) nicht alle bekannten Inhaltsstoffe in allen Honigen vorkommen – Menthol im Lindenblütenhonig ist schlichtweg undenk- wie -vorstellbar, d.h. zuallererst ist die Zusammensetzung eines Honigs von der Tracht (den Ausgangsstoffen) abhängig. Aber auch die Konzentrationen innerhalb der Sortenhonige schwanken je nach geographischer, topographischer und/oder zeitlicher Herkunft. Weiters beeinflussen sich die verschiedenen vorhandenen Stoffe auch gegenseitig, verstärken einander, bilden gemeinsam neue (geschmackliche, farbliche wie medizinische) Qualitäten aus. Ferner ist das gesamte Durcheinander auch noch abhängig von der Arbeitsweise des Imkers, fachgerechter Lagerung usw. usf. Daß darüber hinaus Klima und Wetter eine erhebliche Rolle bei der Zusammensetzung von Honigen spielen, muß wohl nicht mehr gesondert ausgeführt werden.

Kurz und bündig:

Da es sich bei Honig um ein Naturprodukt handelt und sich Bienen an keine Vorschriften halten, kann nicht gesagt werden, daß z.B. „Akazienhonig" immer und ewig aus diesen und jenen Inhaltsstoffen besteht – Honig ist ein variables, lebendiges Gut!

Übrigens:

100 g Honig verfügen im Durchschnitt über einen Energiegehalt von 320 kcal/1.340 kJ.

Einkauf, Lagerung

Bezüglich der Inverkehrbringung wird in diesem und den folgenden Kapiteln mehrmals die Gesetzeslage berührt – ich beziehe mich dabei auf die „Richtlinie 2001/110/EU des Rates vom 20. 12. 2001 über Honig" (in Österreich wie in Deutschland seit 2004 in nationales Recht – „Honigverordnung" – umgesetzt). Ergänzend muß auch gesagt werden, daß die Qualitäts-Richtlinien der jeweiligen Imkerverbände diese Gesetze hinsichtlich Strenge – zumindest teilweise – übertreffen.

Das Etikett eines in Verkehr gebrachten, mit Honig gefüllten Glases (egal, ob vom Supermarkt-Regal oder privat vom Imker gekauft) muß folgende leicht verständlichen, deutlich lesbaren, an gut sichtbarer Stelle angebrachten und auch haltbare Angaben enthalten:

- Handelsübliche Bezeichnung – „Honig" reicht. Alle unter Kapitel „Honigsorten" angeführten Bezeichnungen können es aber auch sein, das Wort „Honig" muß jedoch vorkommen. Sollten sich im Glas Waben befinden, muß dies extra gekennzeichnet sein – „Wabenhonig / Scheibenhonig / Honig mit Waben / Waben in Honig" usw.
- Name und Anschrift desjenigen, der den Honig in Verkehr bringt / zum Kauf anbietet – Imker oder Händler.
- Angabe des Ursprungslandes – „Deutscher / Österreichischer / Griechischer / Italienischer / usw. Honig". Hat der Honig in mehreren Ländern seinen Ursprung, muß „Mischung aus Honigen aus EU-Ländern / Nicht-EU-Ländern" angeführt werden.
- Angabe des Gewichtes in Gramm oder Kilogramm.
- Mindesthaltbarkeitsdatum – jedes Wort: „Mindestens haltbar bis..." muß ausgeschrieben sein. Die Zeitangabe muß Tag, Monat, Jahr umfassen.
- Empfohlene Lagerbedingungen – in der Regel „kühl, lichtgeschützt, trocken".

Was auch immer auf dem Etikett stehen und woher der Honig auch kommen mag, was er auch kosten wolle – in einem innerhalb der EU in Verkehr gebrachten Glas mit der Aufschrift „...honig" darf nichts anderes (Kunsthonig, Stärkesirup, künstliche Farbstoffe und Aromen, Konservierungsstoffe usw. usf.) als reiner Bienenhonig sein (somit Honig in Sinne dieses Buches). Diesem Honig dürfen auch keine Bestandteile entzogen worden sein. Die von anderen Gläsern bekannte Angabe von Inhaltsstoffen kann entfallen.

Honig muß auch in allen seinen Produktionsschritten (ab Ernte) zurückverfolgt werden können. Wird er nach seiner botanischen Herkunft, also nach einer bestimmten Tracht benannt – z.B. „Akazienhonig", „Waldblütenhonig" –, so muß der überwiegende Teil von diesen Pflanzen stammen. Er muß auch die entsprechenden organoleptischen / sensorischen (Geschmack, Geruch, Farbe, allgemeines Aussehen), physikalischen, chemischen und mikroskopischen Merkmale aufweisen (gleiches trifft natürlich auch auf Honigtau-Honig zu). Analog dazu sind auch regionale / territoriale / topographische / lokale Bezeichnungen – „Schwarzwaldhonig", „Tiroler Gebirgshonig" – nur dann zulässig, wenn der überwiegende Teil des Honigs aus der genannten Region stammt.

Der Ausdruck „überwiegend" wird in der Praxis mit „mehr als 50 %" definiert; bei einigen wenigen Ausnahmen („Rapshonig") muß der Anteil noch höher sein. Näheres zu Sorten usw. s. weiter unten.

Qualitätsbeschreibungen – Auslese, Auswahl, kalt geschleudert, fermentreich, feinste, beste – dürfen auf dem Etikett nur dann stehen, wenn durch eine besondere Auswahl, schonende Gewinnung und Bearbeitung sowie sorgfältige Lagerung überdurchschnittliche äußere Eigenschaften – Farbe, Aussehen, Konsistenz usw. – erzielt wurden.

Bei reinen Blütenhonigen müssen der Fructose- und Glucosegehalt insgesamt bei mindestens 60g/100g liegen; bei reinen Honigtau-Honigen oder solchen, die eine Mischung aus Honigtau-Honig mit Blütenhonig darstellen, bei mindestens 45 g/100 g.

Der Wassergehalt darf im allgemeinen höchstens 20 % betragen. Ausnahme: Heidekrauthonig (*Calluna*/Besenheide) darf bis zu 23 % Wasser enthalten.

Der Saccharosegehalt darf im allgemeinen höchstens 5 % betragen. Es gibt aber Ausnahmen: Robinien-, Luzerne- und Süßkleehonig sowie Honig von Rotem Eukalyptus, allen Zitrusblüten, *Banksia menziesii* und *Eucryphia lucida* wie *E. miliganii,* Lavendelhonig bzw. solcher von Borretsch – das absolute Maximum ist bei 15 % erreicht. Der Gehalt an wasserunlöslichen Stoffen (sog. Aschen) darf im allgemeinen höchstens 0,1 g/100 g betragen (Ausnahme Preßhonig: höchstens 0,5 g/ 100 g Honig).

Weiters sind im Gesetzestext noch die elektrische Leitfähigkeit, der Gehalt an freien Säuren, der Diastaseindex usw. geregelt. Interessant und für bewußte Konsumenten besonders wichtig ist der Hydroxymethylfurfural-Gehalt (HMF). Dieser medizinisch neutrale Zungenbrecher ist ein Indikator für eine Schädigung des Honigs: je höher der HMF-Gehalt, um so unsachgemäßer wurde der Honig behandelt. HMF entsteht z.B. bei schlechten Lagerbedingungen und auch bei jeder Erwärmung. Laut Honigverordnungen darf er eine Grenze von 45 mg/kg Honig nicht überschreiten (Ausnahmen: max. 15 mg/kg bei enzymschwachen Honigen, max. 80 mg/kg bei Honigen aus Regionen mit tropischem Klima).

Die nationalen Imkerverbände haben auf freiwilliger Basis diesen Wert stark herabgesetzt – der Deutsche Imkerbund auf 15 mg/kg Honig, der Österreichische auf 10 mg/kg –- Werte, die bei sachgemäßer und nach wie vor üblicher Verarbeitung ohneweiters erreicht werden können.

Honig kann guten Gewissens nur und ausschließlich in gläsernen Gebinden verkauft werden; solche aus Metall, Kunststoff oder sonstigem beeinträchtigen den Geschmack auf jeden Fall und können auch Inhaltsstoffe zerstören bzw. verändern.

Honig ist hitze- und lichtempfindlich.

Honig ist nicht nur hitze-, sondern auch lichtempfindlich, d.h. dunkelgrüne oder braune Gläser (bzw. ein Überkarton) täten ihm gut, das weiß jeder Imker. Doch da der Konsument erwiesenermaßen in erster Linie nach Honigfarbe (und Preis) kauft, wird diese Umstellung – die einer Preissteigerung aufgrund von Qualitätssteigerung gleichkommt! – noch länger auf sich warten lassen.

Honig kühl (d.h. max. 18° C, cremigen Honig am besten nur bis 12° C), lichtgeschützt (egal, ob Sonnenlicht oder elektrische Beleuchtung, beides ist schlecht) und trocken (gemeint ist: gut verschlossen, im Glas sollte die Luftfeuchtigkeit unter 60 % liegen) lagern.

Honig niemals in mit Wasser (oder sonstigen Flüssigkeiten) verdünntem Zustand aufbewahren – er könnte zu gären beginnen.

Wenn Sie diese Kriterien bei der Lagerung berücksichtigen, hält sich Honig – verschlossen! – jahrelang. In Pharaonengräbern gefundener (kristallisierter) Honig war auch im 20. Jh. noch genießbar! In der Regel werden aber beim Haltbarkeitsdatum max. 2 Jahre angegeben; bereits geöffnete Gläser sollten innerhalb von 6 Monaten ausgelöffelt werden.

Honig zieht Feuchtigkeit und Gerüche an – er ist hygroskopisch –, auch deshalb das Glas immer gut verschlossen halten!

Honig enthält Säuren – daher niemals Löffel, Gabel u. dgl. über einen längeren Zeitraum darin belassen. Wenn Sie Honig vom Verkaufsgebinde in ein anderes Glas umfüllen, unbedingt auch darauf achten, daß der Metalldeckel innen beschichtet (Kunststoff) ist, oder Sie verwenden überhaupt Deckel aus Kunststoff.

Verfügt ein Honig über einen höheren Glucose-Gehalt als 32 % – das ist bei fast allen Honigen der Fall –, so beginnt irgendwann die Glucose zu kristallisieren; je höher der

Glucose-Gehalt, um so früher. Durch diesen Vorgang wird der Honig nicht nur fester, er wird durch die Kristalle auch heller, kann (fast) weiß werden. „Rapshonig" (über 40 % Glucose) kristallisiert am schnellsten aus, kann dies bereits in den Waben tun; kristallisierter „Rapshonig" ist (fast) reinweiß. Auch Honige aus Obstblüten, Löwenzahn und Klee kristallisieren relativ rasch, die beiden zuerst genannten zu einem eher dunkleren Gelb, „Kleehonig" zu einem Hellgelb. Sehr langsam kristallisieren Akazien-/Robinienhonig und praktisch alle „Honigtau-Honige". „Heidehonig" kristallisiert geleeartig.

Diese Kristallisation ist ein natürlicher Vorgang und stellt keinen wie immer gearteten Qualitätsmangel dar; auch ist der Honig nicht verdorben. Der Vorgang ist reversibel! Man stellt das Honigglas einfach in temperiertes Wasser – bis max. 40° C – und wartet, bis er wieder flüssig ist. Der Vorgang kann mehrmals wiederholt werden.

Und da wir gerade bei der Kristallisation sind, noch einige Worte zum sog. „Creme-Honig": Das ist diese – mittlerweile ziemlich beliebte – helle, streichfähige Paste, die so gar nicht nach Honig aussieht, nichtsdestotrotz aber reiner Honig ist. Das Geheimnis hinter der hellen Farbe und der Streichfähigkeit ist physikalisch-mechanischer Natur. Glucosereicher Honig wird im Erntegefäß so lange stehen gelassen, bis er zu kristallisieren beginnt. Dabei wird er von Anbeginn täglich mehrmals gerührt; dadurch bilden sich lediglich kleine, gleichmäßig verteilte Kristalle. Honigsorten, die trotzdem zu grob auskristallisieren, werden vor dieser Behandlung mit fein kristallisierenden Honigen „geimpft". Bevor der Honig gänzlich auskristallisiert ist, wird er in die Verkaufsgebinde umgefüllt.

„Creme-Honig" wird täglich mehrmals gerührt.

Sie können in (fast) jedem Rezept Zucker durch Honig ersetzen. Dabei gilt es allerdings einiges zu beachten:

Bei empfindlichen Teigen dürfen Sie nicht vergessen, daß Honig flüssig ist, also weniger von der im Rezept vorgeschriebenen Flüssigkeit (Milch etc.) nehmen. Faustregel: knapp 1/4 weniger.

Wird Honig bei Gerichten verwendet, deren Herstellung hohe Temperaturen verlangt (kochen, backen, braten, grillen), so werden natürliche Wirkstoffe beeinträchtigt, der Geschmack hingegen bleibt.

Welcher Honig zu welchen Gerichten? Diese Frage können nur Sie allein entscheiden – denn ich kenne Ihre Vorlieben ja nicht. Grob gesagt, eignen sich zum Süßen von Tees und Müslis oder für Cremen bzw. Desserts eher die milden Sorten (z.B. „Akazienhonig"). Je kräftiger das Gericht, um so kräftiger kann auch der Honig sein: Hammel- oder Rinderbraten und Lebkuchen vertragen schon einen würzigen „Waldhonig". Man muß nur darauf achtgeben, daß der Geschmack des Honigs nicht alles andere übertrumpft – aber auch das kann freilich gewollt sein.

Eines noch zum Schluß: Zucker ist kein Lebensmittel, lediglich ein Kalorienträger und Geschmackskorrigens – tote, leere Süße.

Honigsorten

Gesetz wie imkerische Praxis unterscheiden Honige nach Erntemethoden bzw. Angebotsform und Herkunft.

Nach Erntemethoden

„Waben- oder **Scheibenhonige"** sind solche, die in ganzen oder geteilten, vollen Waben angeboten werden – die reinste Form des Honigs; der heute nicht mehr gebräuchliche Ausdruck „Immengold" wurde einst dafür geprägt.

Das Wachs kann gegessen werden, wird vom Körper aber nicht verwertet.

„Honig mit Wabenteilen" oder **„Wabenstücke in Honig"** sind Honige, die ein oder mehrere Stücke Wabenhonig enthalten.

„Tropfhonig" (früher auch „Seimhonig", in Norddeutschland gab es für Imker auch die Berufsbezeichnung „Seimmacher") wird durch Austropfen der „entdeckelten", brutfreien Waben gewonnen – ebenfalls ein sehr hochwertiges Produkt.

„Schleuderhonig" wird mittels Zentrifugen durch Schleudern der wie zuvor definierten Waben gewonnen – das ist der übliche Honig.

„Preßhonig" (früher auch „Stampfhonig") wird durch Pressen der brutfreien Waben gewonnen. Dabei darf die Wabe bis zu max. 45° C erwärmt werden.

„Gefilterter Honig" ist ein neuer Honigtypus, der erst seit Übernahme der EU-Richtlinie in die nationalen Honigverordnungen aus 2004 existiert. Es handelt sich dabei – wie die Bezeichnung vermuten läßt – um einen Honig, dem alle organischen wie anorganischen Fremdstoffe durch Filterung entzogen worden sind. Daß dabei auch wertvolle Inhaltsstoffe – beispielsweise Pollen – entzogen werden, ist klar. Inwieweit man in diesem Fall wirklich noch von Honig sprechen kann, ist mehr als umstritten – ein Imagegewinn für den Honig ist dieser neue Typus sicher nicht. „Gefilterter Honig" muß als solcher gekennzeichnet sein und darf auch keine Zusatzangaben zur botanischen, regionalen oder topographischen Herkunft auf dem Etikett aufweisen.

Die Honigart **„Backhonig"** wird ausschließlich industriell verarbeitet.

Nur reifer Honig wird von den Bienen verdeckelt.

Entdeckelung der Honigwaben.

Entdeckelte Honigwabe.

Frisch geschleuderter Honig.

Nach biologischer Herkunft

Als „Tracht" wird der Rohstoff des Honigs, also das jeweilige Sammelobjekt der Biene, bezeichnet. Es können zwei Trachttypen unterschieden werden:

Läuse und Honigtautropfen an einem Fichtenzweig.

Honigtau

Hierbei handelt es sich in erster Linie um eine Tracht tierischer Herkunft. Diverse Insekten (v.a. Schildläuse) stechen das Siebröhrensystem von Laubblättern und/oder Nadeln von Nadelbäumen an und ernähren sich vom austretenden Pflanzensaft. Nicht verwertbare Anteile werden – angereichert mit Enzymen, organischen Säuren und sonstigen Stoffen – wieder ausgeschieden. Diese süßen, klebrigen Substanzen finden sich an Blättern, Nadeln und Zweigen und werden von den Bienen gesammelt; im Stock wird dann auf übliche Weise daraus Honig hergestellt. An günstigen Tagen werden auf 1 Hektar Wald ca. 300 – 400 l Honigtau pro Tag produziert.

Honigtau-Honige kommen als „Blatt-, Wald- oder Nadelhonig" (auch als „Tannenhonig", „Fichtenhonig" usw.) in den Handel und bestechen durch eine relativ dunkle Färbung (bis hin zum dunkelsten Braun) und ein würzig-herbes, sogar malziges Aroma.

Eine weitere, eher seltene Form des Honigtaus stellen direkte Absonderungen der Pflanze aus sog. extranuptialen / extrafloralen Nektarien (Honigdrüsen) dar; diese finden sich z.B. an Blättern und Blattachseln.

„Sammlerin" auf einer Löwenzahnblüte.

Blüten

In diese Gruppe fällt das Gros der Honige. Tracht ist der aus nuptialen (bräutlichen / hochzeitlichen) Nektarien gesaugte Nektar der Blüten.

Ein als „Blütenhonig“ in den Verkehr gebrachter Honig ist schlicht ein solcher, der aus dem Nektar verschiedenster Blüten gewonnen wurde.

„Blütenhonige“ können auch nach der Tracht spezifiziert werden – so ist beispielsweise ein „Lavendelhonig“ ein Honig, der vollständig oder zumindest überwiegend (d.h. mind. 51 %) aus dem Nektar von Lavendelblüten gewonnen wurde. Es gibt weit mehr als hundert solcher Sortenhonige; die meisten haben nur regionale Bedeutung – so wird man etwa „Rosmarinhonig“ in Österreich aufgrund fehlender Rosmarinplantagen vergebens suchen, im Mittelmeergebiet ist er hingegen häufiger anzutreffen.

Weiters können „Blütenhonige“ nach topographischer („Gebirgsblütenhonig“), regionaler („Schwarzwaldhonig“), geographischer/territorialer („Deutscher Honig“) und auch zeitlicher Herkunft unterschieden werden – in diesem Fall muß der Honig zur Gänze aus dem angeführten Gebiet stammen!

Sinngemäß besteht ein „Sommerblütenhonig“ somit aus während des Sommers gesammeltem Nektar.

Geschmack

Was ist Gott? Kein Mensch kann ihn begrifflich bestimmen, beschreiben; Gott kann nur erfahren werden. Alle Beschreibungen verlaufen letztendlich im Sand und sind null und nichtig. Aus diesem Dilemma hat eigentlich nur der Koran die Lehren gezogen – dort wird Gott nicht beschrieben. Es wird lediglich beschrieben, was Gott *nicht* ist.

Mit dem Honiggeschmack verhält es sich (fast) nicht anders – jeder Honig ist so, wie er ist. Wenn die Bienen eines Stockes aufgrund eines tollen Angebotes nur Lavendelnektar sammeln, produzieren sie eben „Lavendelhonig“; wenn sie nur kreuz quer über die Sommerwiese sammeln, produzieren sie „Sommerblütenhonig“ usw. Die Honigverordnungen beschreiben eigentlich nur, wonach ein „Lavendelblütenhonig“ *nicht* schmecken darf (z.B. nach Rauch) und was im „Sommerblütenhonig“ *nicht* drin sein darf (z.B. im Frühling oder Herbst gesammelter Nektar). Es ist nirgendwo normiert, wie ein, sagen wir mal, „Gebirgsblütenhonig“, ein „Rapshonig“ schmecken *muß*. Ein Sortenhonig muß lediglich einen – seinen! – charakteristischen, sortentypischen Geschmack aufweisen. Punktum! Und diesen charakteristischen, sortentypischen Geschmack kann man nur erfahren.

Und damit es ein bißchen schwieriger wird, variiert dieser charakteristische, sortentypische Geschmack natürlich (im wahrsten Sinn des Wortes!) ein wenig – von Jahr zu Jahr, von Region zu Region, von jeweiligem Wetter zu Wetter, von Klimaregion zu Klimaregion usw. usf. Das ist wie bei der Käsebereitung: Wenn die Kuh zwei Wochen lang auf einer Wiese mit vielen Lavendelstauden grast, schmeckt der aus ihrer Milch bereitete Camembert anders als der von einer Kuh, die zwei Wochen lang Rosmarin gefressen hat – aber der charakteristische Geschmack von Camembert bleibt trotzdem erhalten. Charakteristischer, sortentypischer Geschmack ist somit nur ein Oberbegriff.

In der Praxis des Alltags schmeckt somit beispielsweise ein „Lindenblütenhonig" aus einem verregneten Jahr etwas anders als ein „Lindenblütenhonig" aus einem sonnigen. Auch schmeckt der „Lindenblütenhonig" aus der Region X wieder anders als der aus Region Y. Und da ein „Lindenblütenhonig" ja nur *überwiegend* (also zumindest 51 %) Lindenblütennektar als Rohstoff aufweisen muß, kommt es auch noch darauf an, welcher Nektar oder Honigtau sonst noch als Rohstoff herangezogen wurde, und diese Zusammensetzung, dieses Verhältnis wiederum schwankt von Jahr zu Jahr, von Region zu Region usw. ... ich will Sie nicht weiter malträtieren!

Da Geschmack obendrein keinen Normen unterliegt, kann hier nur prinzipiell gesagt werden, daß helle Sortenhonige eher mild schmecken und dunkle kräftiger, würziger, herber sind, dafür aber über weniger Süßkraft verfügen. Den Feinschliff dieser groben Richtlinie muß ich Ihnen höchstpersönlich und selbst überlassen. Erläuterndes s. auch unter „Schlußbemerkungen", S. 32.

Farbe

Mit der Farbe des Honigs verhält es sich wie mit dem Geschmack – äußerst variabel! Die Skala reicht von fast wasserklar („Akazien-/Robinienhonig") über weiß (Raps, Weißklee) und alle Gelbtöne (Steinklee-, Kornblumen-, Sonnenblumen-, Löwenzahn-, Ahorn- und Heidehonig) bis zum dunkelsten Braun (reine „Honigtau-Honige" sowie „Pinienhonig", „Tannenhonig").

Der Ursprung der Honigfarbe ist vielgestaltig. Bereits der Nektar kann natürlich gefärbt sein (z.B. Kornblume), auch die Anzahl der Pollen wirkt sich farbbestimmend aus, ebenso der Glucosegehalt und die Umwandlungsprozesse im Stock. In erster Linie trifft dies auf Honigtau-Honige zu. Der ausgeschie-

Die Art der Tracht bestimmt die Farbe des Honigs.

dene Honigtau am Blatt ist eine glasklare Flüssigkeit, der fertige reine Honigtau-Honig ist dunkelbraun.

Auch die Farbe der Waben trägt an der letztendlichen Honigfarbe ihren Anteil. Wie zuvor unter „Geschmack" etwas genauer ausgeführt, hängt die Honigfarbe freilich auch vom Mischungsverhältnis ab: Reiner „Lindenblütenhonig" ist weiß, je höher der Anteil an Honigtau ist, um so dunkler wird dieser Honig.

Manche Honigtau-Honige weisen einen grünen Schimmer auf; ob diesem ein Algenbefall zugrunde liegt, ist umstritten. Es gibt aber auch noch eine andere, etwas kuriose Möglichkeit (die selbstverständlich allen Honigen einen grünen Schimmer verleihen kann), welche hinter dem Grün stecken könnte.

Bienen sind unsere menschlichen Vorstellungen vom Honig völlig gleichgültig; sie sammeln (zumindest bei Trachtmangel) im Prinzip alles Süße und befördern es zur Produktion von Nahrungsreserven in den Stock. Süß aber sind z.B. auch ein grüner Waldmeistersirup oder grüne, in Wasser aufgelöste Gummibärchen!

Solche Honige dürfen aber von Rechts wegen nicht als solche in Verkehr gebracht werden.

Schlußbemerkungen

Kurz gesagt, schaffen es nur Experten mit jahrelanger Erfahrung (sensorische Prüfung) und einem hochtechnisierten Chemie-Labor, Honige darauf zu überprüfen, ob sie den gesetzlichen Anforderungen entsprechen. Der Endverbraucher kann nur darauf vertrauen, daß im Glas das drinnen ist, was außen draufsteht.

Leider machen sich diesen Umstand auch einige Produzenten / Händler (ca. 80 % des in Deutschland verkauften Honigs werden nicht in Deutschland produziert) zunutze.

Ich will / darf Ihnen daher nicht verhehlen, daß 2003 die deutsche „Stiftung Warentest" 34 Honige aus dem Supermarkt-Regal geprüft hat – lediglich 14 davon waren in Ordnung. Der Rest war entweder mangelhaft (Verletzung der Kennzeichnungspflicht – das ginge ja gerade noch an, ist aber dennoch eine Täuschung des Kunden) bzw. hätten 10 Honige aufgrund von diversen unerlaubten Beimengungen – Antibiotika (u.a. die seit 1995 verbotenen Nitrofurane), Rauch, Phenylacetaldehyd (ein Bienenabwehrmittel) usw. – gar nicht in den Handel gebracht werden dürfen. Traurig, sehr traurig!

Einzige Chance – die Suche nach einem Imker Ihres Vertrauens! Wie bereits angedeutet, unterwerfen sich alle in den nationalen Verbänden organisierten Imker freiwillig den Bestimmungen des jeweiligen Imkerbundes. Deren Honigverordnungen sind zum Teil wesentlich strenger als die oben angeführte EU-Richtlinie. Nur Honige, die den strengen Richtlinien der Imkerverbände entsprechen, tragen die jeweiligen Imkerbund-Gütesiegel.

GESUNDHEITLICHES

Allgemeines

Nicht nur den Menschen der mesopotamischen Reiche, auch den alten Ägyptern, Griechen und Römern war Honig bereits vor mehr als 5.000 Jahren als Heilmittel wohlvertraut. In erster Linie wurde er bei Erkrankungen der Atemwege (Rachenkatarrhen, Husten, Bronchitis usw.) und gegen Fieber eingesetzt. Auch seine antibakterielle Wirkung in der Wundbehandlung (v.a. bei Verbrennungen) sowie bei der Behandlung von eitrigen Geschwüren und Augenkrankheiten wurde hoch gelobt. Ferner wurde Honig auch als zuverlässiger und v.a. rascher Energielieferant erkannt – z.B. von den Athleten der antiken Olympischen Spiele.

Nach der einfachen Gleichung „Iß Honig, und du bleibst gesund" wurde er mehr oder weniger als universelles Prophylaktikum und Stärkungsmittel verabreicht.

Bis zur Zeit des Philippus Aureolus Theophrastus Bombastus von Hohenheim – besser bekannt als Paracelsus (um 1494 – 1541) – zählte Honig zu den medizinischen Wunderwaffen. Paracelsus selbst verwendete ihn sehr großzügig in Salben und Elixieren und stellte ihn in die Reihe der „edelsten Stoffe aller Naturreiche". Nach ihm sank der medizinale Stern des Honigs langsam, aber sicher; er wurde vom Zucker abgelöst (s. auch Kapitel „Vom Honig / Geschichtliches", S. 11). Über die einzige Ausnahme wird am Ende dieses Kapitels berichtet werden.

Johannes der Täufer predigte jahrelang in der Wüste vom Kommen des Herrn; seine Nahrung waren lediglich Honig und (wahrscheinlich hin und wieder vorbeispringende) Heuschrecken. Pythagoras ist angeblich 70 Jahre alt geworden und starb bei voller Gesundheit – er soll sich sein Leben lang ausschließlich von Honig ernährt haben. Das ist vielleicht ein wenig übertrieben, doch kann – die wenigen Gegenstimmen ignorierend – der positive gesundheitliche Aspekt des Honigs gar nicht hoch genug geschätzt werden. Denn im großen und ganzen pflichtet die moderne Medizin prinzipiell ihren antiken Kollegen ohne Einschränkung bei. Die einzige Crux dabei ist nur, daß das Phänomen „Honig“ noch bei weitem nicht grundlegend erforscht ist – nicht alle empirisch festgehaltenen Wirkungen sind erklärbar.

Über die grundsätzlich antibakterielle Wirkung des Honigs wird eigentlich nicht mehr diskutiert. Lediglich über das Warum und Wieso macht man sich nach wie vor Gedanken: Früher glaubte man, diese klebrige Substanz entziehe (aeroben) Bakterien, Pilzen u. dgl. den Luftsauerstoff. Doch dieses müßte auch ein Zuckersirup tun – macht er auch prinzipiell, nur bei weitem nicht so effizient! Zuckersirup hat lediglich ca. 30 % des diesbezüglichen Wirkungsgrades von Honig.

Eine der Grundlagen der antibakteriellen Wirkung des Honigs scheint sein niedriger ph-Wert von 3 – 4 zu sein, in welchem sich Bakterien, Pilze u. dgl. nicht oder nur höchst mangelhaft vermehren können. Weiters finden sich Inhibine genannte antibakterielle Wirkstoffe (s. Kapitel „Vom Honig / Warenkundliches“, S. 20). Honig zieht auch Wasser an und scheint offenbar Bakterien u. dgl. „auszutrocknen“.

Ob diese Stoffe erst durch enzymatische Vorgänge in der Biene selbst oder im Stock „geschaffen“ oder ob es sich bereits um Stoffe der Tracht-Pflanzen handelt, ist ungeklärt (letzteres ist eher unwahrscheinlich). Tatsache ist jedenfalls, daß Honig nach wie vor – oder wieder – therapeutische Bedeutung in der Wundbehandlung sowie bei der Bekämpfung entzündlicher Erkrankungen der Atemwege und des Magen-Darm-Traktes hat. In der Volksmedizin ist dieses Wissen eigentlich nie ausgestorben – Rezepte dazu siehe weiter unten.

Aufgrund seines hohen Eisengehaltes fördert Honig auch die Blutbildung – darüber gibt es zahlreiche Berichte anämischer Imker. Es ist auch eine unumstrittene Tatsache, daß regelmäßiger Honigkonsum allgemein die Widerstandskräfte des Körpers stärkt (v.a. bei oder nach Krankheit). Er wirkt auch beruhigend auf das Nervensystem und stärkt die Herztätigkeit. Abgesehen davon ist Honig cholesterinfrei und unterstützt die Funktion der Leber.

Rudolf Steiner, der Begründer der Anthroposophie, wies auch darauf hin, daß Blüten Heilkräfte in bezug auf Nierenleiden hätten; dieses „Blüten-Element“ findet sich selbstverständlich und natürlich auch im Honig. Steiner empfiehlt Honig auch für alternde, zur Sklerose neigende Menschen und (in kleinen Mengen) zur Vorbeugung und Therapie bei Rachitis.

Ob Honig auch bei Heuschnupfen hilft, ist umstritten. Der US-amerikanische Arzt William Peterson verabreichte im 19. Jh. 22.000 Heuschnupfen-Patienten täglich einen Löffel Honig – die Erfolgsrate (Linderung, Heilung) lag (angeblich) bei 90 %. Die zugrunde liegende Idee ist einfach: Durch regelmäßige Verabreichung eines allergieauslösenden Antigens wird die Reaktionsbereitschaft des Organismus auf dieses herabgesetzt (Hyposensibilisierung); kurz und bündig: das Immunsystem „gewöhnt“ sich allmählich an diese Substanzen.

Da Immunologen grundsätzlich bezweifeln, daß eine so geringe Dosis von Allergenen einen Effekt auf das Immunsystem haben könnte, liegen dazu ebenfalls noch keine autorisierten medizinischen Studien vor. Im Gegensatz zur Schulmedizin führen aber z.B. Homöopathen gerade diese geringe Konzentration als (Haupt-)Ursache der Heilung / Linderung an.

Sei's wie es sei, einen Versuch ist diese Methode allemal wert – noch dazu, wo es keine wie immer gearteten Gegenanzeigen gibt (es sei denn, man ist auf Honig allergisch). Zu beachten gilt es allerdings, daß der Honig aus jener Region stammen muß, in welcher der Patient leidet – denn nur dieser Landschaftshonig beinhaltet einen repräsentativen Querschnitt der individuell allergieauslösenden Pollen.

Gesunde Produkte aus der Imkerei.

Genau betrachtet, sind Honige aufgrund ihrer heterogenen Zusammensetzung (s. Kapitel „Vom Honig / Warenkundliches", S. 22) viel mehr als nur die Summe ihrer Bestandteile. Das ist auch der Hauptgrund, weshalb die Honigforschung sooo langsam voranschreitet. D. h., daß der Stoff X im Honig Y vorhanden ist, im Honig Z aber nicht. Aufgrund schlechter Witterung u. dgl. ist Stoff X im Y-Honig im Jahr A gering oder gar nicht vertreten gewesen; im Jahr B war die Witterung besser, Stoff X war in wesentlich stärkerer Konzentration vorhanden usw. usf. Im Prinzip unterscheidet sich somit jeder Honig in seiner mikroskopischen und chemischen Zusammensetzung – teilweise sogar in großem Ausmaß – vom anderen. Und jede einzelne Honigsorte weist immer wieder andere Eigenschaften auf – je nach geographischer, topographischer oder zeitlicher Herkunft.

Da verblüffenderweise aber alle Honigsorten gleich wirken, wird es noch sehr lange dauern, bis das Phänomen „Honig" endgültig geklärt ist. So betrachtet, ist es auch kein Wunder, daß für die Mediziner der Antike und des Altertums Honig etwas Magisches, Göttliches war, und selbst noch im endenden 20. Jh. betrachtete Kräuterpfarrer Weidinger den Honig etwas metaphysisch als „konkretisierte Sonnenenergie, als Kraft des Schöpfers von oben". Und schenkt man den Richtlinien der Apitherapie – ein auf Claudius Galenus, Paracelsus sowie R. Steiner zurückgehendes Naturheilverfahren, das

Krankheiten ausschließlich mittels Bienenprodukte aus wesensgemäßer Bienenhaltung zu heilen versucht – Glauben, so kann nur mit dem Koran gesprochen werden: „Honig ist die erste Wohltat, die Gott den Menschen erwiesen hat."

Um der Wahrheit Genüge zu tun, muß allerdings auch gesagt werden, daß Honig nicht omnipotent ist. Drei Gruppen von Menschen sollten ihn vorsichtig zu sich nehmen bzw. überhaupt meiden:

Ein Promillesatz von Menschen ist gegen Honig allergisch – das Allergen konnte noch nicht wirklich identifiziert werden. Es muß auch angemerkt werden, daß noch mehr Menschen gegen Bienenwachs und auch Propolis allergisch sind.

Die zweite Gruppe umfaßt Diabetiker: Neuesten Erkenntnissen zufolge müssen sie Honig nicht gänzlich meiden, doch ist nur der Verzehr von sehr kleinen Mengen angezeigt. Man sollte dies mit dem Arzt besprechen.

Die dritte gefährdete Gruppe sind Säuglinge/Babys bis zu einem Jahr. Da ihre Darmflora noch nicht gänzlich ausgereift ist, können eventuell im Honig vorhandene Sporen anaerober Bakterien ausreifen. In erster Linie sind hier die Sporen von *Clostridium botulinum* zu nennen, welches den Säuglings-Botulismus – eine Lebensmittelvergiftung – hervorruft. Im ersten Lebensjahr können selbst winzige Mengen dieser Sporen den Verdauungstrakt des Babys besiedeln, sich explosionsartig vermehren und das Nervengift Botulin ausscheiden. Der Krankheitsverlauf beginnt mit Verstopfung und kann über fortschreitende Muskellähmung (beginnend mit Schluckbeschwerden aufgrund von Darmstillstand, endend mit Atemlähmung) bis zum Tod führen; bleibende Schäden sind in fast jedem Fall zu erwarten. Das Vorhandensein kleiner Mengen von *Clostridium botulinum*-Sporen ist selbst bei Bio-Honigen aus wesensgemäßer Haltung kein Qualitätsmangel an sich – Honig ist nun mal ein Naturprodukt!

Honig kommt auch oft als Süßungsstoff in Fertigprodukten der Babynahrung vor – in der Regel sind diese Produkte jedoch hitzesterilisiert.

Für Kinder ab ca. dem vollendeten 1. Lebensjahr bzw. für Erwachsene sind diese Sporen absolut ungefährlich.

Eine weitere Gefahrenquelle für den Säugling könnten auch die im Honig vorhandenen körperfremden Eiweiße sein – darüber liegen aber noch keine gesicherten Studien vor.

Bezüglich Säuglinge läßt sich freilich auch sagen, daß Bäder mit Milch und Honig deren Appetit enorm fördern können.

Ob und inwieweit Honig mit Karies in Zusammenhang gebracht werden soll, ist in letzter Zeit wieder etwas umstritten. Bis vor kurzem war die Wissenschaft einhellig der Meinung, Honig und Zucker seien bezüglich Karies gleichwertig zu behandeln. In jüngster Zeit wird aber wieder vermehrt darauf hingewiesen, daß es gerade ein Überzug aus Honig sein könnte, der die Zähne möglicherweise schützt.

Doch genug der grauen Theorie, wenden wir uns der Praxis – ohne Gewähr! – zu. Da uns allen an einer guten und ausreichenden Honigernte gelegen ist, zuerst einige Hinweise für Imker:

Sehr wichtig für die Honigproduktion, in weiterer Folge somit mehr oder weniger auch für die Gesundheit ganzer Landstriche war/ist der 19. März (dem hl. Josef geweiht): „Josefitag klar – gibt ein gutes Honigjahr"; die Witterungsverhältnisse zu

Frühjahrsbeginn sind für Bienen wie Imker für den gesamten Frühjahrsverlauf entscheidend.

Nicht unwesentlich ist auch Fronleichnam („Hochfest des Leibes und Blutes Christi"): Schönes Wetter an diesem beweglichen Lostag verspricht allgemein ein höchst ergiebiges Honigjahr.

Ganz wichtig der 15. August (Mariä Himmelfahrt): Schönwetter weist auf einen „Sieg der Bienen" hin (also auf ein gutes Honigjahr), Schlechtwetter hingegen auf einen „Sieg der Spinnen" – im August endet schön langsam die Sammelzeit für Honigtau, Altvölker werden „umgeweiselt", alte gegen junge Königinnen ausgetauscht – ein arbeitsreicher Monat für den Imker, der natürlich Schönwetter benötigt.

Rezepte

Vorbemerkung:
Bei den angeführten Rezepten fungiert Honig nicht (nur) als Süßungsmittel, sondern v.a. als Wirkstoff. Deshalb sollte er auch nicht in heiße Tees u. dgl. eingerührt werden, sondern nur in überkühlte (max. ca. 45° C); wertvolle Wirkstoffe werden durch zu große Hitze deaktiviert.

Tees sollten auch grundsätzlich nie mit kochendem Wasser gebrüht werden, nur mit heißem.

Bewährtes *Hustenmittel* aus meiner Kindheit:
Vom Schwarzen Rettich/Radi oben mit scharfem Schnitt eine Kappe abschneiden und die Rübe mit einem Löffel ca. zur Hälfte aushöhlen. Die Höhlung bis zu einem Drittel mit Honig füllen, Kappe wieder aufsetzen, zugedeckt über Nacht stehen lassen. Am nächsten Tag ist die Höhlung mit einer Flüssigkeit gefüllt, die den Hustenreiz gewaltig lindert.

Kren-/Meerrettich-Honig
Eine Krenwurzel in sehr dünne Scheiben schneiden, diese mit Honig in ein Glas geben, zuoberst zumindest fingerdick Honig darauf. Glas verschließen und zwei Monate in die Sonne stellen. Dann abseihen und dunkel lagern.
Dieses in Vergessenheit geratene Mittel galt als allgemeines Stärkungsmittel und Prophylaktikum für die ältere Generation: 1 – 2 EL pro Tag. Und, nur so nebenbei bemerkt: Rudolf Steiner bezeichnete den Honig als die „Milch des Alters" (als Pendant zur genauso wichtigen „Milch des Säuglings").

Ein aus Rosen-, Walderdbeeren-, Melissen-, Herzgespann- und Eukalyptusblättern bereiteter *Tee* wirkt – vorausgesetzt, es ist Honig dabei (!) – nach Kräuterpfarrer Weidinger herz- und nervenstärkend.

Ebenfalls nervenstärkend wirkt *Zitronenmelisse-Tee mit Honig.*

Von zur Zeit der Saftruhe (Weihnachten bis Mariä Lichtmeß, 2. Februar) geernteten 2 – 3jährigen Birkenästchen die Rinde abschälen, klein schneiden und trocknen. 100 g davon in 1 l (naturbelassenem) Rotwein 8 Tage ansetzen/einlegen. Abseihen, 50 g Honig dazumischen. – Da dieser Ansatz nach Kräuterpfarrer Weidinger nicht nur magenstärkend, sondern auch appetitanregend wirkt, kann er getrost auch als Aperitif getrunken werden.

Kamillentee mit Honig hilft gegen Stuhlverhärtung.

Honig mit Zitronensaft im Verhältnis 2:1 gemischt, und Sie können jeden Schnupfen bereits im Keim ersticken. Beginnen Sie die Kur – täglich ein Eßlöffel – bereits im Herbst, wenn Wetterumschwünge und Regen die Tage trübe werden lassen, und führen Sie diese bis in den beginnenden Frühling fort. Dergestalt schlägt man auch der Frühjahrsmüdigkeit ein gewaltiges Schnippchen.

Eine gleichgeartete Stärkung des Immunsystems wird auch durch eine Mischung von Apfelessig, Honig und Wasser ausgelöst.

Honigmilch ist ein altbewährtes, schleimlösendes und entzündungshemmendes Hausmittel: 1 EL Honig auf 1/4 l Milch. Dabei ist allerdings zu beachten, daß die Milch nicht kochend heiß gemacht werden darf, nur leicht erhitzen! Den Honig – wie eingangs festgehalten – erst in die überkühlte Milch einrühren.

Honigmilch ist nicht nur gesund, sondern schmeckt auch gut!

Leistungssportler verwenden heute noch immer Honig als schnellen *Energielieferanten,* und auch in Müsliriegeln ist – aus selbem Grund – jede Menge Honig enthalten. Abgesehen davon helfen *Honigeinreibungen* auch gegen Knieschmerzen (gleich wichtig für Sportler wie für ältere Menschen).

Und sollte Sie die Lektüre dieses Buches etwas ermüden / überfordern, dann rasch 1/4 l Apfelsaft mit 1 EL Honig gemischt trinken oder 1 Stück Vollkornbrot gemeinsam mit Honigwasser (1 EL Honig in 1/4 l lauwarmem Wasser) einnehmen – beides hilft nach Pfarrer Weidinger bei geistiger Abgespanntheit.

Sollte auch das nicht helfen und Sie aus Verzweiflung doch zu sehr dem „Feuerwasser" zusprechen müssen, dann können Sie morgen den unweigerlich auftretenden (meist Brand genannt) Folgen mit einem Gemisch aus Honig, etwas Wasser und einem Schuß Essig erfolgreich entgegenwirken.

Normaler Honig ist somit gesund, unheimlich gesund; doch im Vergleich mit *„Donnerstaghonig"* ist das alles nur eine halbe Sache. Wie nicht anders zu erwarten, ist/war Donnerstaghonig ein am Donnerstag geernteter Honig, und der Donnerstag war der germanischen Gottheit Donar (auch Thor) geweiht, dem Stärksten der Asen, somit folgerichtig Gott der Stärke, des Donners und der Naturgewalten, Bekämpfer der Riesen. Sein unbändiges Wesen ging in den Honig über – Donnerstaghonig wirkt(e) doppelt so stark als ein an anderen Tagen geernteter Honig!

Aber nicht nur physisch-magisch, auch geistig-magisch kann Honig wirken. So glaubt man in einigen Gegenden Westindiens, Honig könne böse Gedanken absorbieren.

Aus der Hexenküche

Und da wir schon wieder einmal bei Magie und Mystik angelangt sind, schnell noch zur oben angesprochenen Ausnahme der medizinischen Ablöse des Honigs durch den Zucker – werfen wir nun einen kurzen Blick in die Hexenküchen des ausgehenden Mittelalters und der beginnenden Neuzeit.

Manche „Hexen" und „Zauberer" mögen zugegebenermaßen Scharlatane gewesen sein. Doch mindestens genauso viele kannten Kräuter und deren spezifische Wirkung bestens. Der damals allgemeinverbreitete Aberglaube und ein ebenfalls weitverbreiteter Hang zur Magie zwangen beide – Scharlatane wie erfahrene Kräuterweiblein – zu absonderlichen Verhaltensweisen wie zu seltsamen Zutaten und Zubereitungen. Vieles davon wird heute allerdings von einer hehren, selbstverständlich über alle Mängel erhabenen Wissenschaft nach jahrhundertelangem Diffamieren und Verleugnen plötzlich wieder als wirksam „entdeckt" – denken wir nur z.B. an den Zusammenhang zwischen dem Saftfluß von Pflanzen und den Mondphasen.

Wie dem auch immer sei – die kundigen Menschen verfertigten allerlei Salben, Tränke usw., die aufgrund ihrer Zusammensetzung nicht unbedingt wohlschmeckend waren. Was taten sie dagegen? Sie verpackten die teuflische Pille ganz simpel in eine süße Hülle, setzten dem bitteren Trank Süßstoff zu oder betteten die brennenden Ingredienzen einer Salbe in eine süße Trägersubstanz. Heutige Pharmafirmen gehen nicht viel anders vor – nur ist Zucker halt um einiges billiger als Honig.

Aus jener Zeit sind neben einigen Reiseberichten die überlieferten Heilmittelrezepte der Hexen und Zauberer die einzige, indirekte Quelle über die wirtschaftlichen Verhältnisse der einfachen Menschen. Und, siehe da, Zucker bzw. Zuckersirup kommt in diesen Rezepten nicht vor, Honig hingegen sehr wohl und sehr oft.

Obwohl auch den Hexen, Zauberern, Kräuterweiblein und Scharlatanen der Zucker bereits bekannt war, mußten sie im Sinne der Profitmaximierung auf die wirtschaftlichen Verhältnisse ihrer Kunden Rücksicht nehmen – und die konnten sich größtenteils den Zuckerfilm um die Pillen einfach nicht leisten.

Die vermögenden Gesellschaftsschichten (Adel, Klerus) hingegen gingen zum städtischen Apotheker, der sogar rohen Zucker als Heilmittel führte (gar nicht so selten aber fanden auch Vertreter dieser Klassen – selbstverständlich über Mittelsmänner – den Weg zu den waldbewohnenden Hexen).

Neben dieser fast schon „kulinarisch" anmutenden Verwendung von Honig gab es in „Hexenküchen" für Honig noch eine weitere Art der Verwendung.

Salben und Cremen auf Honig-Basis wurden Elektuare genannt und zählten zur Gruppe der sog. Galenika (zurückgehend auf den römisch-hellenistischen Arzt Claudius Galenus). Eine schier unendlich anmutende Reihe von Elektuaren findet sich für den Bereich Sexualität: Libido-Steigerung, Penis-Vergrößerung, Erektions-Förderung usw. usf. Der Honig hatte dabei, neben seiner Funktion als Trägersubstanz, weitere – nicht zu unterschätzende – Funktionen.

Anweisungen wie „Nimm je ein Scrupulum von diesem und jenem, ein Quentchen dies und ein Gran das, zerstampf sie zu Pulver und verrühre dieses mit Ingwer gewürztem Honig. Bevor du zum Weibe gehst, reibe deinen Stengel kräftig mit dieser Pomade ein, und du wirst sehen, daß alles besser wird“ (diese Salbe sollte eine nachlassende Libido auf Vordermann bringen) lassen den eindeutigen Schluß zu, daß – abgesehen von nicht nachweisbaren magischen Kräften und Suggestiv-Effekten – die Wirksamkeit in erster Linie im Honig zu finden ist: das kräftige Einreiben kann als mechanische Reizung definiert werden, weiters fungierte Honig auch als profundes Gleitmittel (inwieweit diese Methode dem auch damals allseits bekannten Oralverkehr zugute kam, ist nicht erforscht).

So betrachtet, kann diese Salbe (wie Hunderte andere auch, denn das oben angeführte Muster mit Honig als Grundsubstanz bleibt in der Regel gleich, nur die Zutaten wechseln) ohne weiteres einem aktiven Sexualleben zuträglich gewesen sein.

Der Verbrauch von Honig durch Hexen muß groß gewesen sein; wahrscheinlich hingen Hunderte, Tausende Zeidler-Existenzen davon ab. Dieses Feld der Erkenntnis wurde bis heute allerdings viel zu wenig beackert.

Übrigens beschränkten sich Honig-Elektuare als magische Substanzen zur allgemeinen Erhöhung sexueller Aktivitäten nicht nur auf das mittlere Europa – von den alten Ägyptern über die klassischen Griechen und Römer bis hin zu den Azteken und Maya bedienten sich alle Völker dieser Erde des Honigs in gleicher Weise.

REZEPTTEIL

HONIG, PUR

...ist zugestandenermaßen eine Delikatesse ersten Ranges, keine Frage – ein Butterbrot mit Honig ist und bleibt ein einzigartiger Genuß. Doch kann – verblüffenderweise – das Entzücken noch um einiges erhöht werden.

Wahrscheinlich kamen die alten Römer und Griechen durch Zufall darauf, daß das einzigartige Honigaroma noch verfeinert werden kann (Puristen nennen es allerdings verfälschen). Gegen Ende des ersten nachchristlichen Jahrhunderts wurde die Methode, Früchte in Honig einzulegen und so zu konservieren, allgemein angewandt. Man aß zuerst die Früchte, dann den Honig extra – dabei kam es zum geschmacklichen Aha-Erlebnis: Der Honig hatte den Geschmack der Früchte angenommen. Der berühmteste aromatisierte Honig im alten Rom war

Melomeli

Vollreife, einwandfreie Quitten kräftig mit einem Tuch abwischen – nicht schälen! Nur der „Pelz" muß weg. Quitten in Achtelspalten schneiden, Kerngehäuse entfernen, locker in ein Glas (mit Schraubverschluß) einfüllen. Mit Honig zumindest zweifingerhoch bedecken. Verschließen, dunkel und kühl lagern.

Der verwendete Honig sollte mild und nicht zusehr mit Eigengeschmack behaftet sein.

Rohe Quitten können auch nach längerer Lagerung in Honig nicht gegessen werden; wenn Sie dies dennoch wollen, müssen Sie die Quitten vor dem Einlegen weich dünsten.

Die Quitte – Apfel der Venus – wurde von den Römern auf Kreta entdeckt, importiert und *melimelum* genannt. Das Römische Reich verging, das Melimelum blieb. Portugiesische Bauern nannten sie Marmelo, legten sie nach wie vor in Honig ein oder kochten gemeinsam mit Honig (später Zucker) ein Mus. Dieses wurde Marmelada genannt, stellte eine einzigartige Köstlichkeit dar und wurde bis tief in die Renaissance hinein europaweit an Fürstenhöfe, Kaiserresidenzen usw. geliefert. Und wenn Sie jetzt meinen, daß sich davon das Wort „Marmelade" ableitet, haben Sie vollkommen recht. Es können selbstverständlich auch alle möglichen Beeren, Kirschen (ohne Kern), Mispeln, Birnen, Äpfel, Schlehen, Pflaumen, Feigen (sehr gut) und die (hierzulande schwer erhältliche) Zitronatzitrone in Honig eingelegt werden. Heutzutage scheinen solche Feinheiten leider aus dem Gedächtnis der Köche gestrichen worden zu sein – allgemein bekannt sind lediglich nur mehr

In Honig eingelegte Nüsse

Die Zubereitung erfolgt wie zuvor beschrieben, nur muß der Honig die Nüsse nicht gar so hoch bedecken. Am geschmackvollsten erweisen sich halbierte, frische Walnüsse.

Die abgetropften Nüsse eignen sich einfach zum so Genießen (kleines Leckerli für zwischendurch), (kleingehackt) als Brotaufstrich und Müslibeigabe, harmonieren aber auch (im Ganzen) mit kräftigen Hartkäsen sehr gut. In diesem Fall eine etwas süßere Spätlese dazu reichen.

Chili-Honig

Die Zubereitung dieser lukullischen Innovation erfolgt wie zuvor beschrieben; es können frische wie getrocknete Chilis im Ganzen verwendet werden. Der Honig nimmt nur einen Teil der Schärfe der Chilis an, die ihrerseits etwas süßer werden (der Schärfegrad des Honigs wird natürlich auch über die Chili-Menge bestimmt).

In der Praxis bedeutet dies einen herzhaften Brotaufstrich (z.B. als Mitternachtsimbiß oder Beigabe zum Katerfrühstück) sowie einen veritablen Bestandteil von Würzsaucen und Marinaden. Die gesüßten Chilis können auch in Gemüsesuppe/-brühe, Gulasch oder gerösteter Leber mitgegart werden.

GEWÜRZHONIGE

Da Chili auch als Gewürz definiert werden kann, haben wir uns hiermit den Gewürzhonigen genähert. Hervorragend eignen sich Rosmarin und Thymian zum Aromatisieren von Honig. Ein „Rapshonig" mit Vanillegeschmack ist ein Gedicht. Es können auch Zimt, Gewürznelkenpulver, Muskat und/oder Ingwer verwendet werden.

ROSENHONIG

Rosenhonig wird mit Rosenblättern aromatisiert. Es eignen sich alle nicht gespritzten, stark duftenden Rosenblätter, auch sollte die Pflanze nicht unbedingt entlang einer stark befahrenen Straße stehen. Vor dem Einlegen die Blätter waschen und 100%ig trocknen!

Prinzipiell eignen sich zum Aromatisieren von Honig auch ÄTHERISCHE ÖLE (bzw. künstliche Aromen) – im Fall des Rosenhonigs beispielsweise Rosenöl. Weitere empfehlenswerte Geschmacksrichtungen wären Zitronen / Limetten, Orangen und Rum.

Im Gegensatz zur zuvor genannten Bereitung, die mehrere Wochen für die Vollreife benötigt, kann das Aromatisieren mit ätherischen Ölen bzw. Aromen kurz vor Gebrauch erfolgen.

HONIG, FLÜSSIG

Alkoholfreies

HONIGMILCH s. Kapitel „Vom Honig / Gesundheitliches", S. 38.

MANDELMILCH MIT HONIG

250 g geriebene Mandeln (besser ist es, geschälte, ganze Mandeln im Mörser zu zerstoßen; dabei öfter mit einigen Tropfen Wasser oder Milch befeuchten, damit sie nicht zu ölig werden) • ca. 1/2 l Wasser • milder Honig nach Belieben

Die geriebenen / zerstoßenen Mandeln mit etwas Wasser verreiben, bis ein milchweißer, dünnflüssiger Brei entsteht. Dieser wird nach einer Ruhezeit von 20 – 30 Minuten durch ein feines Haarsieb oder eine Serviette gepreßt. Der Vorgang kann so lange wiederholt werden, so lange der Brei milchig bleibt.

Die nach der doch etwas anstrengenden Prozedur erhaltene Flüssigkeit wird Mandelmilch geheißen und üblicherweise mit Zucker gesüßt – ein Verbrechen! Mit Honig gesüßt, gewinnt dieser Trank mehr als eindeutig.

Mandelmilch kann auch zum Binden von Saucen / Suppen etc. verwendet werden.

Zur Mandelmilch s. auch Kapitel „Honig, assoziativ / Redewendungen“, S. 154.

Tatli Ayran

1/8 l fettreiches Joghurt (ab 10 %) gut mit 1 – 2 TL mildem Honig verrühren und mit ca. 1/2 l eiskaltem Wasser aufgießen – ein Traum an heißen Augusttagen!

Tatlı Ayran ist die kindgemäße Version des normalen Ayran, welches, leicht gesalzen, von Erwachsenen getrunken wird – beide Drinks stammen aus der Türkei.

Notfallsbecher

Für 2 Personen: *2 cl kaltes Joghurt • 1 – 2 TL Honig • 1 TL Zitronensaft (so gewünscht) • 1 cl kalter Paradeis-/Tomatensaft • 1 – 2 frische, grobgehackte Chili-Schoten (möglichst rote) • Cayennepfeffer (Menge nach Belieben)*

Joghurt mit Honig (und ev. Zitronensaft) im Shaker gut schütteln, Paradeissaft mit den übrigen Zutaten ebenfalls gut vermischen. Einen großen Tumbler oder ein Flipglas (das übliche Wasserglas tut's natürlich auch) zu zwei Drittel mit dem gesüßten Joghurt füllen. Gewürzten Paradeissaft nur grob unterziehen; die beiden Farben sollten sich klar abgrenzen.

In erster Linie eine Überlebensgarantie für die immer heißer werdenden Sommertage (-nächte), wenn Sie auf der Großstadt-Terrasse darben. Aber auch ein idealer Aperitif für eine vegetarische Tafel oder ein leichtes italienisches Sommermenü.

Hinweis: Anstelle von Cayennepfeffer kann auch Harissa-Pulver genommen werden. Die Koriander-Note harmoniert ungemein gut mit dem Honig.

Ribisel-/Johannisbeer-Flip

Pro Glas: *1/4 l Milch • 1 Eidotter/Eigelb • 3 EL schwarzer Ribiselsaft (ein Gemisch mit roten Ribiseln ist möglich, aber nicht sooo gut) • 1 EL Honig*

Alle Zutaten im Shaker mit Eiswürfeln kräftig – aber längstens 10 bis 15 Sekunden – schütteln, ins Glas (wie zuvor) seihen.

SUMMERDREAM 1

Pro Glas: *1/4 l Milch (kann auch ein Gemisch aus je 1/8 l Milch und Schlagobers/Süße Sahne sein) • 3 – 4 EL Honig • 50 g tiefgekühltes Beerenobst*

Alle Zutaten im Shaker kräftig schütteln, in ein Flipglas gießen – sofort mit einem Barlöffel servieren!

Alkoholisches

SUMMERDREAM 2

Pro Glas: *1/8 l Schlagobers/Süße Sahne • 4 cl Scotch • 2 EL Honig • 50 g tiefgekühltes Beerenobst*

Zubereitung wie zuvor.

Beide Summerdream-Drinks garantieren an heißen Augusttagen ein außergewöhnliches Erlebnis!

KRUPNIK

Der Krupnik ist ein von Polen über das Baltikum bis weit nach Rußland hinein verbreitetes, enorm anregendes Getränk. In der Regel wird er heiß serviert. Nach längeren Winterwanderungen geschehen dabei regelrechte Wunder... Im Sommer kann er freilich auch kalt genossen werden – doch das ist nur der halbe Spaß.

Bei einem derart großen Verbreitungsgebiet ist es fast natürlich, daß die Anzahl der Zubereitungsarten unüberschaubar bleibt. Hier eine kleine Einführung in die Krupnik-Kunst.

Sehr einfacher, nichtsdestotrotz enorm wirksamer Krupnik – der UR-KRUPNIK sozusagen (Mengenangaben pro Person):

3 EL Honig auf kleiner Flamme verflüssigen (ev. 1 TL Wasser hinzugeben) und langsam auf ca. 70° C erhitzen. Vom Feuer nehmen, 6 – 10 EL Wodka einrühren (ergibt ca. 1/8 l). Ins Glas leeren (ev. mit geriebenem Schwarzem Pfeffer bestreuen) und noch heiß servieren – ideale Serviertemperatur nach der erwähnten Winterwanderung: so um die 50° C.

Erweiterter Krupnik

Die hundertfachen Erweiterungen des Krupnik betreffen in erster Linie die Würzung. Hier eine der vielen litauischen Varianten (für 4 Personen):

1/4 bis 1/2 l Wodka (je nachdem, wie kräftig Sie den Honiggeschmack wünschen) • 1/8 l Wasser • 1/8 l Honig • 1/2 Vanilleschote • 3 – 4 ganze Gewürznelken • 2 cm Zimtstange • etwas geriebene Muskatnuß • 2 – 3 Pimentkörner (so gewünscht) • Orangen- und/oder Zitronenschale (unbehandelt) nach Belieben

Vanille, Gewürznelken, Zimt und Piment im Wasser aufkochen und ca. 10 Min. ziehen lassen, danach abseihen und gemeinsam mit Honig sowie Zitronen- und/oder Orangenschale auf kleiner Flamme noch einmal erhitzen. Von der Herdplatte entfernen und entweder:

a) Wodka daruntermischen und, mit Muskatnuß bestreut, sofort servieren oder

b) erst in gänzlich ausgekühltem Zustand den Wodka untermischen, dann auf Flaschen ziehen; dunkel und kühl hält sich der Krupnik einige Tage und wird immer besser. Entweder vor Gebrauch erwärmen oder kalt servieren.

Wenn Sie größere Mengen Krupnik über einen längeren Zeitraum lagern wollen, dann sollten Sie anstelle von Wodka 96%igen Weingeist/Äthanol/Sprit nehmen, denn die oben angeführte Mischung könnte zu gären beginnen. In diesem Fall die Wassermenge jedoch verdoppeln.

Bärenfang (Bärenjäger)

...ist die preußische Variante des Krupnik – man nimmt anstelle von Wodka eben Korn (oder Obstschnaps) und etwas abgeriebene unbehandelte Zitronenschale (ev. ein kleines Stück Ingwer). Bärenfang wird in der Regel kalt getrunken und ist auch als Fertigprodukt im Handel erhältlich.

Wollen Sie selbst Bärenfang auf Vorrat erzeugen, nehmen Sie 350 g Honig und etwas Zimtstange sowie 2 – 3 Gewürznelken und verflüssigen (mit nur ganz wenig Wasser) den Honig auf kleiner Hitze (dabei schön rühren). Überkühlen lassen, 1,5 l Schnaps (gut ist auch ein Gemisch aus 1 Teil Rum oder Arrak zu zwei Teilen Klarem) daruntermischen, auskühlen lassen, in Flaschen abfüllen. Je länger die Lagerzeit, um so gehaltvoller ist der Bärenfang.

Polnischer Honiglikör

1 l Weingeist/Äthanol/Sprit • 1/2 l Wasser • 1/2 kg Honig • 1/4 l Rum • 1 Mokkatasse schwarzer, kräftiger Kaffee

Honig mit Wasser aufkochen, auskühlen lassen. Erst dann Weingeist, Rum und Kaffee daruntermischen. Auf Flaschen ziehen und ca. 1 Monat kühl lagern – großartig!

RUSSISCHER PUNSCH

4 Eidotter/Eigelb • 1/4 l Schlagobers/Süße Sahne • 2 – 3 EL Honig • 1/8 l Rum oder Cognac • Saft einer Zitrone

Die ersten drei Bestandteile schaumig aufschlagen, dann Alkohol und Zitronensaft untermischen. – Auf gestoßenem Eis serviert, mundet dieser Punsch an heißen Sommertagen herrlich!

HONEYBEE

(einer der wenigen alkoholhaltigen Cocktails mit Honig)

3 cl Rum (ob Sie weißen oder dunklen Rum verwenden, hängt von der Würzkraft des Honigs ab) • 1 cl Zitronensaft • 1 cl Honig

Alle Zutaten gemeinsam im Shaker mit Eiswürfeln schütteln (max. 10 Sekunden), dann in ein gekühltes Cocktailglas seihen – ein Shortdrink für zwischendurch.

Grundsätzlich kann zumindest in allen Drinks mit Zuckersirup dieser durch Honig ersetzt werden.

HONIGWEIN / MET

In der Kosmologie der **Maya** wurde der Himmel vom „Roten Muzencab" getragen, der auch als Gott der Bienen/der Imkerei fungierte. Da Honig in der Alltagsernährung der Maya offenbar eine nicht sehr bedeutende Rolle spielte, erhebt sich freilich die Frage, warum ein so wichtiger Gott wie der „Rote Muzencab" auch Bienengott war.

Die Antwort nennt sich Balché – vergorener Honig, dem die Rinde des Balché-Baumes zugesetzt wurde. Dieses Getränk hatte heiligen Status und war unabdingbarer Bestandteil jedes auch noch so kleinen Opfers. Egal, ob für Regen oder gegen Blitzschlag geopfert wurde – Balché floß immer in Strömen.

Erfolgbringende Opfer können nämlich nur von physisch wie psychisch reinen Menschen dargebracht werden, und Balché reinigt die Menschen von allem Bösen und treibt jedes Übel aus. Abgesehen davon war man der Meinung, daß die dem Genuß von Balché folgende physische wie psychische Erregung (man könnte auch Trunkenheit sagen) die Menschen in engere Berührung mit den Göttern brachte.

Auch die griechischen Götter delektierten sich im Olymp laufend an Met, und bei den Kelten war er Sinnbild für die Unsterblichkeit.

Rußland kannte bis tief ins 19. Jahrhundert hinein den Zucker nicht und süßte – wenn überhaupt – mit Honig (s. Kapitel „Vom Honig / Geschichtliches", S. 17). Wie wir aber von Tolstoi wissen, wurde der größte Honiganteil zu Met vergoren.

Met ist ein aus Honig, Wasser und Hefepilzen hergestelltes alkoholisches Getränk. Sein Ursprung ist höchstwahrscheinlich im nicht alkoholischen Honigwasser zu finden – einem Gemisch aus Honig und Wasser, das bereits die alten Griechen unter dem Namen *hydromeli* zu sich nahmen. Irgendwann war das Honig-Wasser-Mischungsverhältnis genau richtig (der Zuckergehalt der Mischung darf 15 % nicht übersteigen), und das *hydromeli* wurde einer Spontangärung unterzogen – *oxymeli,* der alkoholhaltige Honigwein, war geboren. Einer anderen Theorie zufolge wurden von weiter nördlich lebenden Menschen Pollen als Kraftnahrung für den Winter eingelagert und mittels Honigs konserviert. Wenn das Lagergebinde nicht hundertprozentig dicht war, zog der Honig Wasser an, oder er war überhaupt nicht voll ausgereift und somit zu wasserhaltig – in jedem Fall konnte er spontan zu gären beginnen. Als weitere Theorie der Met-Wurzel wird manches Mal das endgültige Auslaugen der bereits gepreßten Waben mit Wasser angeführt. Vielleicht hat man diese wäßrige Lösung einmal zu lange stehen gelassen, und sie begann zu gären.

Wie dem auch immer: mit ziemlicher Sicherheit ist Met nach dem Bier das zweitälteste alkoholische Getränk, welches die Welt kennenlernte. Der Wein aus Weintrauben kam aber nur ein wenig später.

Die Römer übernahmen von den Griechen Honigwasser *(aqua mulsa subita)* wie Honigwein *(aqua mulsa inveterata,* später kurz *mulsum).* Ältere Römer führten ihre Rüstigkeit auf die Sitte zurück, Brotstücke vor dem Verzehr in das *mulsum* zu tunken bzw. überhaupt eine *mulsum*-Brot-Suppe zu genießen. Diese Suppe wurde auch Rekonvaleszenten zur Stärkung gereicht.

Jüngere Römer sprachen dem *mulsum* am liebsten bei den Vorspeisen zu. Vielleicht auch deshalb, weil man der vom antiken Griechenland übernommenen Meinung anhing, daß Honig generell Beredsamkeit und poetische Neigungen verstärkt und das *mulsum* gar zum *Furor poeticus* führt.

Das Met trinkende Volk schlechthin aber waren die Germanen (einige Autoren vertreten überhaupt die Meinung, daß die Römer den Met erst von den Germanen kennengelernt hätten).

Es scheint gesichert, daß Met in Europa bereits vor ca. 6.000 Jahren genossen wurde – die Wälder waren riesig, die darin lebenden, Honig produzierenden Bienenvölker zahlreich vorhanden. Die erst wesentlich später auftauchenden Germanenstämme konnten somit bereits auf eine lange Tradition zurückblicken und mußten den Met nicht unbedingt neu erfinden – der älteste germanische Beweis von Met stammt aus einem ca. 3.500 Jahre alten Grab.

Da die wissenschaftliche Disziplin der Chemie noch nicht eingeführt war, lösten die Germanen – wie auch alle anderen Völker vor ihnen – das Problem der Gleichung Met = Rausch religiös: Met konnte nur ein Trank der Götter (Asen) sein. Aber warum und wozu schenkten die Asen den Met den Menschen?

Der römische Schriftsteller Marcus Annaeus Lucanus (39 – 65, ein Neffe Senecas) beschrieb in seinem Epos „Pharsalia" (auch „Bellum civile") den Bürgerkrieg zwischen Cäsar und Pompeius. In dieses Werk schaltete er auch zahlreiche Exkurse ein, beispielsweise einen über die bis dahin schon knapp 200 Jahre andauernden Kämpfe mit den Germanen. Dabei benutzte er als erster den (heute nicht mehr so geläufigen) Ausdruck „Furor teutonicus".

Damit bezeichnete Lucanus die mehr als ungestümen Angriffe bzw. Verteidigungsmaßnahmen der Germanen. Diese brachialen Wellen kraft- und waffenstrotzender, durch nichts und niemanden aufzuhaltenden Menschen, diese für mehrere römischen Kaiser katastrophalen, fast vernichtenden Stürme menschlichen Zorns („Quinctili Vare, legiones redde / Quinctilius Varus, gib mir die Legionen wieder", sagte Kaiser Augustus 9. v. Chr. nach der Schlacht im Teutoburger Wald) hatten eine einzige – flüssige! – Antriebskraft: Met, das Geschenk der Götter!

Dem nordischen Mythos zufolge endet die rezente Welt mit der Ragnarök, dem Kampf des Guten gegen das Böse, Asen gegen Vanen, Odin/Wotan und Donar/Thor gegen Fenriswolf und Midgardschlange. Alle Vertreter beider Parteien sterben bei diesem Gefecht; danach wird die Erde durch das einzige überlebende Menschenpaar – Lift und Liftrasor – neu eingerichtet.

Odin/Wotan, oberster Ase und Gott des Krieges wie der Ekstase, auch Sturm- und Totengott sowie Gott der Dichtkunst, will freilich seinen Abgang nicht wirklich wahrhaben und sammelt in seinem beliebtesten Aufenthaltsort Walhalla die besten germanischen Kämpfer – das sind praktisch alle, die auf der Erde im Kampf fallen – um sich, damit sie ihn im letzten Gefecht unterstützen. Angelockt werden sie durch schöne (teils nicht unbedingt mit christlichen Moralvorstellungen einhergehenden) Versprechungen und ewig fließenden Strömen von Met. Und diese hat Odin – sozusagen als Vorschußlorbeeren – den tapferen Kämpen bereits zu Lebzeiten gebracht. Und so wie alle Christen im Paradies enden wollen, wollten alle Germanen im Odinschen Walhalla-Palast ein fröhliches Ausgedinge feiern.

Wenn man dann abseits des Mythos bedenkt, daß dem realen germanischen Met auch Würzmittel in Form von Bilsenkraut, Sumpfporst und Taumellolch beigemengt waren – Giften, die Aggressivität bis hin zur Raserei auslösen (v.a. Taumellolch) –, nimmt es nicht wunder, daß die Römer das Nachsehen hatten und lauthals über den Furor teutonicus klagten.

Nur so nebenbei: Dem Bier, dem die Germanen ebenfalls gerne zusprachen, wurde meist neben den oben erwähnten Kräutern auch noch Met beigefügt.

Es ist bzw. war freilich nicht so, daß die alten Germanen einfach nur Besäufnisse veranstalteten und dann fröhlich-rasend andere Leute totschlugen (die 1.000 Jahre später lebenden Wikinger trieben es allerdings diesbezüglich auf die Spitze). Es verhielt sich ganz einfach so, daß der heilige Met (neben Pferdefleisch) das obligate (Trank-) Opfer darstellte, und man hatte in diesen politisch wie religiös rauhen Zeiten viel zu opfern...

Das Wort „Met" hat seine Wurzeln im Sanskrit – „madhuparka" war ein Getränk, das die alten Inder Gästen und Freiern, die ins Haus kamen, auftischten, aber auch Frauen, die im fünften Monat schwanger waren, verabreichten. Dem erstgeborenen Sohn des Hauses wurden damit die Lippen bestrichen.

Die beiden ersten Silben des Wortes – *madhu* – bedeuten Honig, der auch Bestandteil des Getränkes war. Ob der Trank alkoholhaltig war oder nicht, ist nicht gänzlich geklärt; wahrscheinlich waren beide Varianten – Honigwasser wie Honigwein – bekannt. Tatsache ist jedenfalls, daß in allen indogermanischen Sprachen *madhu* die sprachliche Wurzel für Honigwein und für Rausch ist.

Heutzutage führt Met – dem man kalt wie warm/heiß zusprechen kann – ein Schattendasein, und nur mehr Spezialisten delektieren sich an ihm; einzig auf Advent- und Weihnachtsmärkten findet er noch größeren Anklang. Sein Stern begann zu sinken, als sich die Kunst, Wein aus Weintrauben zu keltern, auszubreiten begann bzw. perfektioniert wurde. Letztendlich verglühte dieser Stern aber ab Einführung der Reinheitsgebote für Bier 1516 (Details s. Kapitel „Vom Honig / Geschichtliches", S. 16).

Lediglich in Äthiopien konnte Met an feinen Tafeln nicht durch Wein und Bier verdrängt werden. Dort ist der Status dieses Getränks nach wie vor enorm hoch, und trotz rückständiger Produktionstechniken werden hervorragende Qualitäten erzeugt.

Zur *Eigenproduktion* von Honigwein in einem durchschnittlichen privaten Haushalt ist folgendes zu sagen: spaßeshalber ja, warum auch nicht! Nur wenn Sie Ihren Chef oder einen wichtigen Geschäftspartner zum Abendessen einladen wollen, sollten Sie sich lieber an den Fachhandel halten.

Abgesehen davon, daß guter Honigwein nämlich nur in großen Quantitäten erzeugt werden kann, sind die meisten privaten Haushalte nicht mit adäquaten Gerätschaften (v.a. Gärfässern / -ballonen) und Räumlichkeiten ausgestattet. Außerdem ist die Produktion etwas zeitintensiv. Trotzdem möchte ich Ihnen hier einen kurzen Leitfaden mit auf den Weg geben – die nötige Erfahrung müssen Sie selbst suchen und finden.

Ausgangsposition soll ein kleiner Gärballon (15 l Inhalt) inkl. sämtlicher dazugehörender Gerätschaften (Trichter, Pfropfen, Röhrchen, Thermometer usw., der Fachhandel berät Sie gerne) sein.

Ca. 3 kg Honig erwärmen und mit ca. 8 – 10 l warmem Wasser gut mischen. Das fertige Gemisch in den Gärballon füllen, zugedeckt auf ca. 25° C abkühlen lassen.

Um nun die Gärung auszulösen, benötigen Sie aus dem Fachhandel sog. Reinzuchthefe (Weinhefe, im Notfall tut's aber auch normale, frische Backhefe), irgend etwas Saures (Milchsäure), Nährsalze, Trübstoffe (Mehl) – dieses Gemenge zum abgekühlten Honig-Wasser-Gemisch geben, den Ballon vorschriftsmäßig verschließen und geduldig abwarten. Die Dauer der Gärung ist von vielen Faktoren abhängig – Mischungsverhältnis Wasser zu Honig (Zuckergehalt von 15 % ist ideal), Temperatur (am besten gleichbleibend zwischen 15 – 25° C), usw. usf. Jedenfalls ist die Gärung dann abgeschlossen, wenn aus dem Gärröhrchen kein charakteristisches „Plopp" zu vernehmen ist und das Gemisch im Ballon keine Blasen mehr wirft (rechnen Sie mit mindestens 6 – 8 Wochen). Die Gärung muß 100%ig abgeschlossen sein, sonst gärt der Met in den Flaschen weiter, und diese „explodieren“ dann. Nötigenfalls den Met noch ein, zwei Wochen im Gärballon belassen und abwarten.

Der fertig gegorene Met wird filtriert, konserviert (Kaliumsulfit) und auf Flaschen gezogen, die kühl und dunkel gelagert werden. Im Prinzip kann er sofort genossen werden, jedoch: Je länger der Met lagert, um so gehaltvoller wird er – Minimum 6 Monate.

Bleibt nur noch die Frage der Würzung zu behandeln: Prinzipiell braucht süßer Met nicht gewürzt zu werden; Zimtrinde und Gewürznelken schaden aber keinesfalls, Muskatblüte ist ebenfalls gut, Ingwer kann sein, auch Zitronen- oder Orangenschale (unbehandelt) stellen eine Möglichkeit dar. Würzigherber Met verträgt mehr: Koriander, Salbeiblätter, Muskatnüsse, Galgant, Hopfen, natürlich auch Gewürznelken und Zimt.

Primär ist der Geschmack des fertigen Mets aber abhängig von der verwendeten Honigsorte – je milder der Honig (Lindenblüten-, Lavendel-Honig), um so lieblicher; je kräftiger der Honig (Edelkastanien-Honig und natürlich alle Honigtau-Honige), um so würziger der Met – sowie vom Alkoholgehalt (max. 15 %), Resthoniggehalt, verwendeter Hefesorte, Säureanteil und Nachbehandlung.

Nach Kräuterpfarrer Weidinger stärkt Met Nerven und Herz. Vor dem Zubettgehen eingenommen, fördert er den Schlaf – no na! Und der erklärte Antialkoholiker Sebastian Kneipp (1821 – 1897) geriet über den Met geradezu ins Schwärmen: „Met tut viel Gutes...“ (er hinterließ uns auch ein Rezept). Für ihn war Met ein allgemeines Stärkungsmittel, wirkte appetit- und verdauungsfördernd, auch reinigend, auflösend und ausleitend – beseitigt daher ungesunde Stoffe aus dem Körper. Aber bereits Kneipp bedauerte, daß der Met „so wenig bekannt“ sei und „an seine Stelle das allgemein verbreitete Braunbier gekommen ist, das durch die Verkünstelungen oft nicht mehr als gesundes Getränk betrachtet werden kann“.

Auch die magisch-mystische Volksheilkunde konnte am Met nicht vorübergehen: Wenn Sie unter Kreuzweh leiden, sollten Sie am Johannistag (24. Juni, Geburtsfest Johannes des Täufers) mittags mit dem kleinsten Löffel des Haushalts ein großes Glas Met auslöffeln – ein Jahr lang ist das Kreuzweh wie weggeblasen.

Auch hierbei steht wieder einmal uraltes, germanisches Brauchtum Pate – ist doch der Johannistag ziemlich knapp an der Sommersonnenwende (21./22.6.) und der Met Trank der Asen und aller germanischen Helden (die sicher nicht unter Kreuzweh litten) gewesen.

Die alten Germanen feierten – opferten! –, wie bereits oben angedeutet, unter exzessivem Metgenuß; zur Sommersonnenwende war das nicht anders. Die frühen Christenfürsten hatten damit freilich ihre liebe Not. Und wenn sich „heidnisches“ Brauchtum nicht verbieten läßt, adaptiert man den Brauch ganz einfach und legt beispielsweise den Geburtstag eines Heiligen auf dieses Datum oder zumindest in seine Nähe – so genau muß man es ja auch wieder nicht nehmen, wird ja zu auffällig! Wenn dann einmal die Umbenennung von „Sommersonnenwende-Saufen“ in „Johannes-Geburtsfest-Saufen“ von der großen Schäfchenmasse akzeptiert ist, wird auch ganz rasch die Heilwirkung des Mets transferiert.

Da Met erst in jüngster Zeit wieder „in Mode“ gekommen ist, mag es auch nicht verwundern, daß sich die Anzahl der damit kreierten Mixgetränke/Cocktails in Grenzen hält. Hier eines der raren Beispiele:

Mazedonier

1/4 l Met • 1/8 l Vogelbeerschnaps • 1 TL Zitronensaft

Met, Schnaps und Zitronensaft im Shaker mit Eis schütteln, in Longdrink-Gläser seihen, eine Zitronenscheibe an den Glasrand stecken, servieren.

Wenn Sie würzigen Met verwenden – ein schöner Aperitif (in diesem Fall kann die Zitronensaftmenge etwas größer ausfallen). Mit süßem Met ein angenehmer Longdrink für den Nachmittag!

HONIG ZUM FRÜHSTÜCK

Böhmischer Zopf

1 kg glattes Mehl • 180 g Butter • 150 g Honig • 2 Eier • knapp 2 Würfel Frischgerm/-hefe (ca. 40 g) • 1 Prise Salz • 1 TL Rum • etwas Zitronenschale (unbehandelt) • 100 g Rosinen (so gewünscht) • 1 Ei zum Bestreichen

Butter schaumig rühren, nach und nach zuerst die Eier und den Honig unterrühren, dann mit den restlichen Zutaten auf bemehlter Arbeitsfläche einen festen Teig kneten. An einem warmen Ort ca. 30 Min. zugedeckt gehen lassen. Nun noch einmal fest durchkneten (jetzt die Rosinen einarbeiten) und den Teig in 9 annähernd gleich große Teile teilen. Jeden Teil zu einer Rolle (Länge max. 2/3 der Backblechbreite) formen. Zuerst aus 4 Rollen einen Zopf flechten und auf das gut befettete Backblech legen, Zopf mit verklopftem Ei bestreichen, darüber einen Zopf aus 3 Rollen legen, wieder mit Ei bestreichen und abschließend einen Zopf aus 2 Rollen legen. Diesen ebenfalls mit verklopftem Ei bestreichen und alles bei ca. 170° C rund 1 Std. goldgelb backen.

Dieses enorm feine Frühstücksbrot konnte man sich früher nur an Feiertagen leisten – Allerheiligen und Ostern sind hier in erster Linie zu nennen; aber auch zu Weihnachten war man den Zöpfen nicht abhold. Anstelle von „Zopf“ trat dann der Ausdruck „Striezel“. In dieses Festtagsbrot wurden auch Mandeln, Nüsse, Aranzini, Zitronat, Orangeat, Sultaninen, Korinthen usw. gemengt. Doch ich denke, für ein Frühstück ist das doch ein wenig zu üppig...

Winzerweckerln/-brötchen

2 TL Honig • 1 Würfel Frischgerm/-hefe (25 g) • 3 cl lauwarmes Wasser • 500 g Weizenvollkornmehl • 1 TL Salz • 1/2 Bund kleingeschnittener Schnittlauch • 100 g Doppelrahmfrischkäse

Honig und Germ in lauwarmem Wasser auflösen und unter Rühren zum Mehl geben; alles gut durchkneten, dann zugedeckt ca. 30 Min. gehen lassen. Anschließend Salz, Schnittlauch und Käse untermengen und kleine Laibchen/Kugeln oder eben Weckerln formen, an der Oberseite kreuzweise einschneiden (nicht zu tief). Gebilde auf dem Backblech verteilen – genügend Platz zwischen ihnen lassen, sie verdoppeln ihr Volumen! Noch einmal ca. 15 Min. gehen lassen.

Nun ins kalte Backrohr schieben, mit Wasser besprühen und bei ca. 200° C 20 Min. auf mittlerer Schiene backen. Danach die Hitzezufuhr gänzlich abschalten, Weckerln aber noch ca. 10 Min. im geschlossenen Backrohr belassen. Erst dann auf dem Gitterrost auskühlen lassen.

Arme Ritter

8 Scheiben vom Vortag übriggebliebenes Weißbrot • 1 Tasse Milch • 1 Pkg. Vanillezucker oder 1/2 TL Vanilleessenz (beides so gewünscht) • 4 verquirlte Eier • 1/2 Tasse Honig • Muskatnuß • Butter, Öl

Weißbrotscheiben in (mit Vanille aromatisierter) Milch einweichen, abtropfen lassen, durch die verquirlten Eier ziehen und nach Art der „Pariser Schnitzel" in erhitztem Butter-Öl-Gemisch braten. Vor dem Servieren mit einem herzhaften Honigtau-Honig übergießen und mit wenig geriebener Muskatnuß bestreuen.

Wenn Sie den Status der „Armen Ritter" etwas heben möchten, nennen Sie sie „Pain perdu" (verlorenes Brot) oder – nach dem „Küchenlexikon" von E. Gorys (1975) – „Goldschnitte".

Indisches Müsli

250 g Cottage-Cheese • 1 l Milch (am besten Rohmilch) • 6 gemahlene Kardamomsamen • 1 EL Mandelsplitter • 1 EL gebratene Sultaninen • Honig (Menge nach Belieben) • 1 EL gehackte Pistazien

Cottage-Cheese in ein feinmaschiges Sieb geben, mit Teller beschweren (auf den Teller noch einen schweren Stein legen), über Nacht abtropfen lassen.

Milch aufkochen, Hitze verringern und schön langsam auf ca. die Hälfte reduzieren. Erst jetzt den abgetropften Cottage-Cheese, Kardamom, Mandeln und Sultaninen beigeben. Noch ca. 10 Min. weiter reduzieren. Das fertige Müsli sollte ziemlich dick sein, wird mit Honig stark gesüßt und mit Pistazien bestreut.

Orientalisches Weizenschrot-Müsli

80 g nicht vorgekochter (!) Hartweizenschrot (in Reformhäusern oder unter dem Namen „Bulgur" in türkischen Lebensmittelgeschäften erhältlich) • ca. 1/2 kg Obst, geschält, entkernt usw. (gut kommt eine Mischung aus Apfel, Mango, Erdbeeren, Grapefruit/Pampelmuse an, auch Kiwi paßt dazu) • 1 TL Zitronensaft • Honig (Menge nach Geschmack, kann ruhig ein kräftiger Waldhonig sein) • 1/8 l Milch / Joghurt (so gewünscht) • 80 g gehackte Nüsse / Mandeln / Pistazien

Weizenschrot / Bulgur am Vortag in Wasser einweichen. – Obst in mundgerechte Stücke teilen, in Zitronensaft und Honig 10 Min. marinieren. Dann unter den gut abgetropften Weizenschrot / Bulgur mengen. Man kann ihn auch mit etwas Milch mischen bzw. das Joghurt über die Mischung geben. Zuletzt wird das Müsli mit den Nüssen bestreut.

Dieses Müsli ist vitaminreicher als die obligaten Milch-Haferflocken-Müsli; in der Türkei wird es auch als süße Nachspeise serviert.

Europäische Müsli

Der Ausdruck „Müsli" ist unweigerlich mit dem Namen Bircher-Benner (Maximilian Oskar, Dr., 1867 – 1939) verbunden. Doch der gute Mann hat mit dem Müsli, wie wir es heute kennen, eigentlich nicht viel zu tun.

Bircher-Benner war Ernährungspionier und provozierte gegen Ende des 19. Jh.s mit der Aussage, daß ein größtenteils auf Gemüsekonsum aufbauendes Leben *auch* möglich ist („Sonnenlichtnahrung") – es muß nicht immer Fleisch sein! Allgemeine Erregung, Spott und Hohn waren die Reaktion. Bircher-Benner blieb stur auf seinem Weg, gründete 1904 das Sanatorium „Lebendige Kraft" in Zürich (1994 geschlossen), hatte teils durchschlagende Erfolge zu verzeichnen und entwickelte u.a. auch eine Apfeldiät. Schwerpunkt dabei war das auf S. 57 vorgestellte Ur-Müsli.

Nicht nur dabei griff er (modifizierend) auf Ernährungsgewohnheiten der ländlichen Bevölkerung zurück. So bestand in obstreichen Gegenden der Schweiz das Abendmahl schon immer aus einem Gemisch aus Dinkel-, Hafer-, teils auch Gerstenbreien, Obst (roh oder gedörrt, je nach Jahreszeit) und (frisch gemolkener!) Milch, manches Mal auch Nüssen. Etwas frei nach einer gebräuchlichen Redewendung, schaute Bircher-Benner dem Volk also nicht aufs, sondern ins Maul, betrachtete dazu den Gesundheitszustand der Obstbauern, deren Alter und zog seine Schlüsse. Wenn das Getreide-Obst-Milch-Mus – auf gut schwyzerdütsch „e mües“ – für die Landbevölkerung gesund war, mußte es auch für die Städter gut sein.

Mit der Apfeldiät verzeichnete er große Erfolge, und schon lange bevor er 1924 in seinem Buch „Früchtespeisen und Rohgemüse“ diese Diät einer großen Öffentlichkeit vorstellte, hatte die Apfeldiätspeise des Herrn Bircher-Benner als „Bircher-Mües“ über die Mundpropaganda seiner zufriedenen Patienten weite Teile der Schweiz überflutet. Aufgrund des hohen Bekanntheits- und Beliebtheitsgrades wurde es auch in Restaurants als Abendessen angeboten; in der Französisch sprechenden Schweiz bestellte man lediglich „Un Birch“. Und wer es zum Frühstück einnahm, also eine kleinere Portion, ein kleines Mus wollte, verwendete die Verkleinerungsform von „e Mües“: „e Müesli“. „Müsli“ ist übrigens das einzige schwyzerdütsche Wort, das in den internationalen Wortschatz Eingang gefunden hat.

Früchtediätspeise des Dr. Bircher-Benner – „Ur-Müsli" – von ihm selbst „d' Spys" („die Speise") genannt:

Ur-Müsli

Menge für eine Person

1 gestrichener EL Haferflocken (oder Rapid-Haferflocken) • 3 EL kaltes Wasser • 1 EL Zitronensaft • 1 EL gezuckerte Kondensmilch • 200 g Äpfel • 1 EL geröstete, geriebene Wal- oder Haselnüsse und Mandeln (als Eiweiß- und Fettergänzung)

Die Haferflocken werden bereits am Vortag in Wasser eingeweicht (bei Rapidflocken – eine Sorte Instantflocken – erübrigt sich das). Am nächsten Tag Zitronensaft und Kondensmilch dazugeben. Äpfel gut waschen, nicht schälen und inkl. dem Kerngehäuse (!) auf einer Glasreibe (heute gibt es die Bircher-Raffel) reiben, zu den Haferflocken geben. Wenn nötig, noch etwas Wasser untermengen. Zuletzt die Haselnüsse darüberstreuen.

Wenn die Kondensmilch durch Honig ersetzt wird – ein passables und gewiß auch gesundes Frühstücksgericht!

Bircher-Benner empfahl „d' Spys" als Frühstück, Abendessen oder als ersten Gang beim Mittagsmahl.

Rohkostmüsli (Bild S. 56)

100 g Haferflocken • 1/4 l Milch oder Joghurt (oder Mischung) • 1 Banane • 1 Apfel • 100 g Erdbeeren • 50 g Himbeeren • 50 g Kirschen, entkernt • 1 reife Birne • 1 Pfirsich • Zitronensaft (Menge nach Geschmack) • 2 – 3 EL milder Honig

Haferflocken ca. 20 Min. in Milch und/oder Joghurt quellen lassen. Währenddessen das Obst in mundgerechte Stücke schneiden und unter die gequollenen Haferflocken mischen (einen Teil des Obstes übriglassen), mit Zitronensaft abschmecken. Müsli auf Teller verteilen, übriggebliebenes Obst abseits der Haferflockenmischung geben – nicht nur wegen der dekorativen Wirkung, sondern auch wegen des Geschmackserlebnisses. Den Honig über die Mischung (nicht über das Obst) gießen.

Karotten/Mohrrüben-Müsli

4 EL Schlagobers/Süße Sahne • 1 Becher Joghurt • 4 EL Orangensaft • ruhig etwas mehr Honig • 4 Karotten/Mohrrüben, gerieben • eher wenig Haferflocken

Schlagobers mit Joghurt, Orangensaft und Honig gut verquirlen. Dann nur grob mit den geriebenen Karotten und den rohen Haferflocken vermengen – sofort servieren.

Das Karotten-Müsli muß zur Lösung der Vitamine A und D unbedingt eine kleine Menge Fett enthalten; anstelle von Schlagobers können Sie natürlich auch Öl oder dgl. nehmen.

Kretisches Joghurt

1 Becher 10%iges, gekühltes Joghurt (am besten aus Schafmilch) auf einen flachen Frühstücksteller geben, 4 – 5 (oder mehr) TL Akazienhonig (!!!) nur locker durchziehen.

Noch grandioser geht's (fast) nicht – erliegen Sie aber nicht dem Irrtum, daa 3,6 %iges (oder noch magereres) Joghurt ausreichend ist!

Noch eindrucksvoller als diese Mischung ist lediglich eine Mischung aus o.g. Joghurt mit Hymettus/Hymettos-Honig – dem wahrscheinlich besten Honig der Welt. Dieser ist ein Gemisch aus Thymian-, Bohnenkraut- und Majoran-/Dostnektar und stammt aus dem Hymettos-Gebirge östlich von Athen.

Lachs mit Honigkren/-meerrettich

1/8 l Schlagobers/Süße Sahne • frischgerissener Kren/Meerrettich (Menge nach Belieben) • 1 EL Honig • 4 geräucherte Lachsscheiben

In das steifgeschlagene Schlagobers Kren und Honig einrühren, Lachsscheiben damit bestreichen, zusammenrollen – für das Sektfrühstück oder zum Brunch.

Schinkenröllchen mit Mascarpone

150 g Mascarpone • 2 TL Honig (würzig-kräftig) • 1/16 l Schlagobers/Süße Sahne • Weißer Pfeffer, gerieben • etwas Zitronensaft • 10 dünne Scheiben gekochter Schinken • Salz

Mascarpone mit Honig, Schlagobers, Pfeffer und einigen Tropfen Zitronensaft schaumig aufschlagen, mit Salz abschmecken. Masse auf die Schinkenscheiben verteilen, einrollen.

Verwendung: wie zuvor. Die Masse kann aber auch als feiner Brotaufstrich genommen werden.

Orangen-Joghurt-Aufstrich (Bild oben)

2 – 3 Orangen, filetiert • 2 EL Akazienhonig • Saft einer halben Zitrone • 1 TL Reisstärke • 1 Becher Joghurt • 1 EL Vanillezucker

Orangenfilets mit Honig und Zitronensaft im Cutter fein vermusen. Die Hälfte des Muses mit der Reisstärke aufkochen und noch 3 – 4 Min. köcheln lassen (fleißig umrühren). Abkühlen lassen. Aufgekochtes und rohes Orangenmus mit dem Joghurt und dem Vanillezucker mischen. Kühlschrankkalt servieren.

Bananendrink

Für 1 Person: *1 Becher Joghurt • 2 – 3 TL Honig (mild) • 1 sehr reife Banane*

Alle Zutaten im Cutter fein vermischen – wer es gerne ein bißchen flüssiger hat, gebe noch etwas Milch oder Obstsaft dazu.

Dieser Frühstücksdrink ist ein schöner Ersatz für den üblichen (etwas phantasielosen) Orangensaft. Er kann aber auch (dicklich) als Grundstoff für ein Müsli mit Getreidekeimen verwendet werden.

HONIG-DIPS UND -DRESSINGS

Erdnusshonig

1 Teil Erdnußbutter mit 1 Teil Honig glatt verrühren – ev. salzen und/oder pfeffern.

Dieser Dip paßt sehr gut zu gekochtem, gedünstetem Gemüse, kann aber auch als Brotaufstrich Verwendung finden.

Gibt man einige Tropfen Zitronensaft dazu, geht er (fast) schon als Bestandteil einer Sauce zu Wok-Gemüse durch – mit zusätzlich einigen Tropfen Sesamöl ohnehin.

Honig-Eier-Kren/Meerrettich

Vier hartgekochte Eidotter/Eigelb mit einer Gabel so fein wie möglich zerdrücken und mit 1 – 2 TL Honig (je nach Belieben auch mehr) und einigen Tropfen Zitronensaft zu einer dicken Creme verrühren (so gewünscht, auch noch mit geschlagenem Schlagobers/Süßer Sahne vermengen).

In diese Masse (viel) frischgerissenen Kren/Meerrettich untermengen – sofort servieren!

Harmoniert als Dip bestens zu kaltem Rindfleisch, paßt aber auch zu Wildsalaten und – hervorragend! – zu Steirischem Wurzelfleisch/Krenfleisch.

Honig-Mandel-Senf/Mostrich

Scharfes Senfpulver (entweder fertig gemischtes Senfpulver – ein gutes englisches Produkt ist im Supermarkt erhältlich – oder gemahlene Senfsamen) • geschälte, geriebene Mandeln • Honig • Flüssigkeit (Wasser, Most, Wein)

Senfpulver vorsichtig mit Flüssigkeit und Honig zu einer ziemlich flüssigen Masse verrühren. Zuletzt die Mandeln genau untermengen – das Verhältnis Senf zu Mandeln sollte ca. 1:1 betragen. Das fertige Produkt sollte eine Konsistenz wie marktüblicher Senf aufweisen.

In Ermangelung von Senfpulver kann selbstverständlich auch ein Fertigprodukt (Estragon-Senf) genommen werden; diese Masse jedoch ein wenig mit zerstoßenen Chili-Schoten würzen.

Diese Senf-Kreation wurde bereits vor Jahrhunderten in Klöstern zu gesottenem (eher fettem) Schweinefleisch (Stelze/Eisbein, Bauchfleisch/Schweinebauch, Haxl'n/Füße/Pfoten, Köpfe usw.) genommen, paßt aber auch zu Grillwürsten.

Honig-Curry-Dip (Bild oben)

1 gut reife Banane • 6 EL Zitronensaft • 1 EL Honig • Salz • wenig Schwarzer Pfeffer • viel Currypulver • 1/4 l Sauerrahm

Banane mit einer Gabel quetschen und mit den restlichen Zutaten im Cutter fein vermengen.

Ein feiner Dip für alle gebratenen, gegrillten Gemüse, paßt auch hervorragend zu Rohkost. – Sensationell schmeckt eine Mischung aus rohen Birnen und gedünstetem Karfiol/Blumenkohl auf Blattsalaten mit diesem Dip (den man freilich auch als Dressing zweckentfremden kann).

Honigbutter

100 g weiche Butter mit ca. 50 g Honig und 1/2 Mokka-Löffel Orangen- oder Zitronenschale (unbehandelt) abrühren.

Honigbutter kann auf Vorrat bereitet und im Tiefkühlfach gelagert werden. Paßt gut zu Gegrilltem, aber auch – mit etwas Sojasauce verfeinert – zu Fleischfondue.

Paradeis-/Tomaten-Apfel-Chutney

1/2 kg Äpfel, geschält, entkernt, kleingeschnitten • 1 kg reife Paradeiser/Tomaten, geschält, kleingeschnitten (am besten aus der Dose) • 2 cl Apfelessig • ca. 1/8 l (eher milder) Honig • 1 größeres Stück (ca. 10 cm) frischer Ingwer, geschält, gerieben • 1/4 TL frisch gemahlener/zerstoßener Kardamom • Gewürznelkenpulver • Zimtpulver • etwas Salz

Alle Zutaten in einem großen Topf (zumindest mit großem Durchmesser, dann geht's ein bißchen schneller) einmal aufkochen und dann bei reduzierter Hitze so lange köcheln, bis die Masse sehr dick ist – ca. 1 Std. Dabei fleißig rühren.

In ausgekühltem Zustand paßt dieses Chutney gut zu gegrilltem oder scharf gebratenem Fleisch, ist auch eine ideale Marinade für Grillgut. Im Kühlschrank hält es sich mehrere Tage; wenn Sie es länger aufheben möchten, müssen Sie es in Rex-/Weckgläsern nach Vorschrift sterilisieren.

Honig-Dressings

2 Teile Honig erwärmen und mit 1 Teil Essig glatt verrühren, erkalten lassen.

Diese „Mutter aller Honig-Dressings" kann nahezu unendlich erweitert/variiert werden – hier einige Vorschläge:

Honiganteil etwas verringern und anstelle von Essig ein Weißweinessig-Zitronensaft-Gemisch nehmen. Harmoniert vortrefflich zu mediterranen Salaten mit Meeresfrüchten.

Zur obengenannten Mischung etwas Zitronensaft und ein gerüttelt Maß an frisch geschrotetem Schwarzem Pfeffer geben – für rohen (Knollen-)Selleriesalat.

Wenn Sie zur bewußten Mischung eine halbe gepreßte Knoblauchzehe und etwas Salz geben, ergibt das eine gute Marinade für herbe Blattsalate (Eichblatt, Radicchio).

Mit 1/8 l (max.) Joghurt gemischt, können alle Blatt-, aber auch Fruchtsalate mariniert werden.

Zusätzlich mit etwas Sesampaste (Tahin, in türkischen Spezialitätengeschäften erhältlich) abrühren – gut für Karotten-/Mohrrübensalat, gleichgültig, ob gekochte Scheiben oder roh gerieben.

Mit etwas scharfem Senf/Mostrich vermengt, kann sogar ein simpler Erdäpfel-/Kartoffelsalat zum Erlebnis werden.

Edelsüßes Paprikapulver, Rotweinessig und wenig gepreßten Knoblauch dazugeben – für einen Traum von Linsensalat.

Für Nudelsalat reiben Sie einfach ein bißchen frischen Ingwer dazu.

Für Reissalate hingegen würzen Sie die oben vorgestellte Mischung mit Gelbwurz und Kreuzkümmel.

Zuletzt ein Vorschlag für Wagemutige: etwas Zitronensaft und 1 EL Sojasauce unterrühren – paßt zu Nudel- wie Reissalaten, aber, mit Joghurt angereichert, auch zu gebratenen Melanzani-Scheiben.

Die Entscheidung der Frage, ob Öl dazugegeben werden soll/muß oder nicht, überlasse ich Ihnen. Meines Erachtens geht's mit Öl genauso gut wie ohne. Wenn Sie Öl nehmen, dann a) nur wenig und b) dieses tropfenweise mit dem Schneebesen unterrühren.

Und – bitte – unter keinen Umständen Wasser dazugeben!

HONIG-KLEINIGKEITEN

Aperitif-Begleiter und kalte Entrees

Sinnig

4 längliche Chili-Schoten (wenn möglich dickfleischig, egal, ob scharf oder nicht) • 1 – 2 rote Zwiebeln, in feinste Würfelchen geschnitten • 1 – 2 TL Honig • 1/2 TL Öl • Salz • Pfeffer

Zwiebelwürfel mit Honig, Öl, Salz und Pfeffer verrühren, beiseite stellen. Stengelansätze der Chili-Schoten abschneiden, Schoten komplett aushöhlen (Kerne und alles Weiße wegschneiden), anschließend mit dem Zwiebelgemisch füllen – 1/2 bis 1 Std. im Kühlschrank belassen.

Fehlt in Äthiopien auf keiner Rohkostplatte, sollte auch hierzulande so sein; paßt aber auch sehr gut zu einer eisgekühlten Bloody Mary.

Byzantinisch-türkische Zwiebeln

2 rohe rote Zwiebeln • etwas Salz • 3 TL Honig • viel Sumach (in auf türkische und/oder chinesische Küche spezialisierten Läden erhältlich)

Zwiebeln in sehr dünne Scheiben schneiden, verhalten salzen, kräftig mit Sumach bestreuen, gut mit Honig beträufeln, einmal durchheben – 1/2 Std. ziehen lassen. Fertig!

Dieses Gericht stellt eine äußerst gelungene Symbiose der klassischen Küche von Byzanz (Zwiebeln mit Honig) und der rezenten türkischen Küche (Zwiebeln mit Sumach) dar – schmeckt einzigartig, erfrischt enorm und ist unglaublich appetitanregend.

MARINIERTE MEERESFRÜCHTE

400 g Meeresfrüchte, soweit sie roh genießbar sind – Scampi und sonstiges Krebsenfleisch sowie Thun- und Butterfisch in mundgerechte Happen, Kalamari in Ringe geschnitten. In den Tiefkühlregalen von Supermärkten werden geeignete Mischungen angeboten (diese gänzlich auftauen und abtropfen lassen, Muscheln nicht verwenden oder vor Verwendung kochen) • 1 mittelgroße Wassermelone (ca. 2,5 kg) – achten Sie beim Einkauf auf eine einwandfreie Oberfläche! • 4 Stengel Zitronengras • 1/8 l Fischfond • 1 EL Weißweinessig • 1 TL Limettensaft • 1 TL Honig • 1 TL Sesamöl • Salz • gemahlener Pfeffer • 1/2 TL feingehackter Ingwer • 1 – 2 Chili-Schoten

Wassermelone halbieren, mit geeignetem Gerät vom Fruchtfleisch 20 bis 30 Kugeln ausstechen, kalt stellen. Restliches Fruchtfleisch mit einem Löffel ausschaben, so daß die Innenseite eine schöne Musterung erfährt. Ausgeschabtes Fruchtfleisch klein schneiden und mit den Schalen ebenfalls kalt stellen.

Währenddessen die unteren Viertel des Zitronengrases in feine Röllchen schneiden und im Fischfond ca. 10 Min. auskochen. Dann Weißweinessig, Limettensaft, Honig, Sesamöl zugeben, mit Salz und Pfeffer würzen, abseihen, Ingwer und 1 feingehackte Chili-Schote dazugeben, überkühlen.

Meeresfrüchte in eine Glasschüssel geben und mit der Marinade übergießen, 1/2 Std. ziehen lassen, ein paar Mal vorsichtig durchrühren. Danach in die gekühlten Melonenschalen umfüllen, Melonenkugeln daraufsetzen und mit der übriggebliebenen – der Länge nach halbierten und entkernten – Chili-Schote (sowie dem Zitronengras) garnieren.

Ausgeschabtes Fruchtfleisch ev. separat reichen oder im Eiswürfelbehälter tieffrieren – eignet sich gut als Kältemittel für diverse Cocktails.

Appetit-Makrelen

1 Kopf Friséesalat • 1 kleiner Kopf Radicchio • 150 g Rucola • 1/2 ausgereifte Honigmelone • 200 g geräucherte Makrelenfilets • 2 hartgekochte, in Scheiben geschnittene Eier • 50 g Lachskaviar • 4 EL milder Weißweinessig (oder Himbeeressig, paßt hervorragend) • 4 EL Olivenöl • Salz • Weißer Pfeffer, gerieben • 1 EL milder Honig • 2 EL in Salzlake eingelegte grüne Pfefferkörner

Kopfsalate zerteilen, waschen, trockentupfen, mischen. Melone schälen, halbieren oder vierteln, Kerne auslöffeln, Fruchtfleisch in dünne Scheiben schneiden. Makrelenfilets zerpflücken.

Essig, Öl und Honig gut vermischen, salzen, pfeffern sowie den größten Teil der (leicht zerdrückten) grünen Pfefferkörner unterrühren.

Melonenscheiben auf eine Salatplatte verteilen, Kopfsalate darübergeben, dann die Makrelen schön daraufsetzen und zuletzt die mit Kaviar belegten Eierscheiben verteilen. Kurz vor dem Servieren die Marinade noch einmal kräftig durchrühren und in Spiralen gleichmäßig über den Salat gießen. Mit den übrigen grünen Pfefferkörnern dekorieren.

PSEUDO-SUSHI

Nachdem wir uns bereits zuvor dem Rohfischgenuß zugewandt haben, ist der Sprung zum Olymp desselben nicht mehr weit. Original japanische Sushi zuzubereiten, erfordert jedoch viel Geduld, Erfahrung und auch einen etwas besser gefüllten Geldbeutel. Die hier vorgeschlagene Bereitungsart hat mit japanischen Sushis – außer dem Namen – nichts gemein; einen lukullischen Vergleich braucht sie jedoch nicht zu scheuen.

1 Tasse (ca. 250 ml) Rundkorn-/Klebreis • 1 TL Weißweinessig • 1 EL Akazienhonig • Wasser • Salz • 250 g geräucherter Fisch – Forelle, Lachs, Heilbutt, Schillerlocken usw., in kleine Stücke geteilt • grobgeschrotete schwarze Pfefferkörner (so gewünscht) • (viel) grobgehackte Petersilie

Reis in Salzwasser mit Essig und Honig sehr weich garen, auskühlen lassen. Fischstükke mit Reis bedecken (Hände zuvor mit kaltem Wasser nässen), Paket zu Kugeln formen (Durchmesser ca. 2 – 2,5 cm), diese in Petersiliengrün wälzen, servieren.

Selbstverständlich können auch alle im Rezept auf S. 64 angeführten Meeresfrüchte – mariniert oder nicht – herangezogen werden.

Hinweis 1: Sehr nett macht sich auch eine kleine Gabe Kurkuma im Reiswasser. In diesem Fall der Gelbfärbung die Reisbällchen nur leicht in Petersilie wälzen

Hinweis 2: Anstelle von geselchtem/geräuchertem Fischfleisch macht sich auch geräuchertes Huhn (Huhn, nicht Truthahn/Pute!) sehr gut.

KALTE MELONENSUPPE

1/4 l Weißwein • 2 EL Honig • 1/8 l Portwein (rot) • 2 Zuckermelonen • 1 fingerlanges Stück frische Ingwerwurzel

Weißwein mit Honig aufkochen und auf ca. die Hälfte reduzieren, Portwein dazugeben, abkühlen lassen, kalt stellen.

Melonen halbieren, Kerne und sonstiges entfernen. Pro Hälfte 10 kleine Kugeln ausstechen, kalt stellen. Restliches Melonenfleisch mit einem Eßlöffel ausschaben, ebenfalls kalt stellen.

Fruchtfleisch mit der Wein-Honig-Reduktion pürieren (Stabmixer, Passiersieb), 1 – 2 Std. kalt stellen. Dann die Ingwerwurzel schälen, einige dünne Scheiben abschneiden und in Streifen teilen, beiseite stellen. Den Rest fein reiben und unter die Fruchtsuppe rühren.

Die kalte Fruchtsuppe in die kalten Melonenhälften füllen, kalte Melonenkugeln als Einlage geben und mit den Ingwerstreifen garnieren.

Wenn Sie an besonders heißen Tagen einige Eiswürfel daruntermischen, spricht man von GEEISTER MELONENSUPPE.

BLINIS MIT KALTEM BRATEN

Blinis: *100 g Weizenmehl • 100 g Buchweizenmehl • 15 g Frischgerm/-hefe • 1/8 l Milch und 5 EL lauwarme Milch • 80 g Butter, flüssig, aber nicht heiß •3 Eidotter/Eigelb • 3 Eiklar/Eiweiß • Salz*
Belag: *Kalte, in sehr feine Scheiben geschnittene Bratenreste • milde Ölpfefferoni/-peperoni und/oder einige grobgehackte Walnüsse • Honig • Aspik (Fertigprodukt, so gewünscht)*

Von den Ölpfefferoni die Stengel samt Ansatz abschneiden und dann Kerne sowie Flüssigkeit vorsichtig ausstreichen.

Die beiden Mehlsorten mischen. Germ in der Milch auflösen, mit der einen Hälfte des Mehlgemisches verrühren, aufgehen lassen. Zweite Hälfte des Mehls salzen und gemeinsam mit der Butter und den 3 Dottern in den aufgegangenen Teig einrühren, zuletzt aus den Eiklar steifen Schnee schlagen und unterheben. Teig noch einmal 30 Min. gehen lassen – er muß aber dickflüssig bleiben (nötigenfalls etwas lauwarme Milch dazugeben).

Nun aus dem Teig in Butter kleine Palatschinken/Pfannkuchen (Durchmesser zwischen 5 – 10 cm, am besten natürlich in der Größe der zu verwendenden Bratenstücke) backen.

Fertige Blinis schnell mit Bratenscheiben belegen, diese dünn mit Honig bestreichen. Nun entweder Ölpfefferoni mittig plazieren (überhängende Teile können belassen werden) und/oder Walnußstreusel locker darauf verteilen. Das gesamte Paket noch warm rasch und fest zu einer Rolle drehen und fixieren (z.B. dicht aneinander bis zum Erkalten in ein Behältnis schlichten).

Die gänzlich erkalteten Röllchen ev. mit Aspik überziehen und zu einem trockenen Martini oder auf Blattsalaten und, mit Balsamico-Essig überträufelt, als Vorspeise reichen.

Hinweis: Anstelle der beiden zuletzt genannten Zutaten können Sie die Bratenscheiben auch mit Honig-Gelee (s. S. 78) überziehen.

Heiße Suppen

ATTISCHE MILCHSUPPE

1/2 l Milch • 1 mittelgroße Zwiebel • 3 – 4 Gewürznelken • einige Pfefferkörner • 1 Lorbeerblatt • Thymian (wenn möglich frisch) • frische Petersilie • 1 – 2 EL Mehl • 1/4 l kalte Rindsuppe/-brühe • Salz • Pfeffer • 1 – 2 TL Honig • Paradeis-/Tomatensaft – Menge nach Belieben, empfohlen ca. 1/8 l • Öl • 1/8 l Schlagobers/Süße Sahne (so gewünscht)

Die Milch mit der ganzen oder halbierten Zwiebel, den Gewürznelken, Pfefferkörnern, Lorbeerblatt, Thymian und Petersilie aufkochen und ca. 10 Min. auf kleiner Flamme sieden lassen – Umrühren nicht vergessen! Nun Mehl in der Suppe glatt anrühren und unter ständigem Rühren in die siedende Milch geben. Suppe salzen, pfeffern, Honig sowie Paradeissaft dazugeben und weitere 10 – 15 Min. leicht wallend köcheln (schön umrühren!).

Abschließend die Suppe durchseihen und servieren. In den Dörfern der attischen Halbinsel nimmt man keine Einlage; mehr als geröstete Weißbrotwürfel (Croûtons) kann auch ich nicht empfehlen.

HONIG-MILCH-SUPPE AUS LAMU

Eine weitere, ebenfalls sehr zu empfehlende Milch-Suppe lernte ich auf Lamu – einer kleinen Insel im Indischen Ozean – kennen.

Allerdings verwenden die Leute auf Lamu in Ermangelung von Kuhmilch Kokosmilch (auch hierzulande mittlerweile als Dosenware in Supermärkten erhältlich). Als Einlage werden kleine Stücke von festem Fischfleisch die letzten 5 Min. mitgeköchelt, oder es wird geräucherter Fisch extra gereicht. Dem Honig wird wesentlich mehr Aufmerksamkeit geschenkt: unter 3 – 4 EL ist die Suppe nicht perfekt.

HONIG-ROYALE IN ZITRONENSUPPE

Zitronensuppe: *1 Ei • Saft einer Zitrone • 3/4 l Hühnersuppe/-brühe (es darf aber auch Rindsuppe sein) • Salz*
Royale: *2 Eier • ca. 1/16 l Flüssigkeit (Suppe, Milch, Weißwein) • Salz • viel grobgeschroteter Schwarzer Pfeffer • 1 EL Honig • Öl*

Ei sehr gut verquirlen, Zitronensaft tropfenweise unterschlagen – es muß eine homogene Creme entstehen. Diese wird nun langsam unter kräftigem Schlagen mit dem Schneebesen in die nicht kochende (!) Hühnersuppe eingerührt. Ca. 10 Min. ziehen lassen, mit Salz abschmecken – fertig.

Für die Royale Eier genau mit kalter Flüssigkeit vermischen, verhalten salzen, Pfeffer und Honig einrühren. In geölten (niedrigen) Topf umfüllen und im lediglich siedenden Wasserbad zugedeckt stocken lassen. Anschließend in Würfel, Rauten oder dgl. schneiden und als Einlage zur Zitronensuppe reichen.

Die Dauer des Stockungsprozesses ist abhängig von der Größe des Behältnisses und somit von der Dicke der Royale – gehen Sie von ca. 30 – 45 Min. aus.

Es ist auch ratsam, zwischen Topf und Deckel ein Küchenhandtuch zu spannen – Kondenswasser tropft dann nicht auf die Royale zurück.

HUHN IN MANDELWEIN

150 – 200 g geschälte, geriebene Mandeln (Haselnüsse tun es auch) • 1/2 l fruchtiger Weißwein • Rosinen (Menge nach Belieben) • 2 EL Honig • 1 Prise Salz • 1 zerlegtes Huhn • 1/4 l Schlagobers/Süße Sahne • 1 Eigotter/Eigelb • geriebene Muskatnuß

Die Mandeln ohne Fett ca. 1 Min. leicht rösten, anschließend in Weißwein aufkochen, 10 – 15 Min. zugedeckt ziehen lassen, zwischendurch Rosinen dazugeben und Honig unterrühren; salzen.

Dann die Hühnerteile einlegen und für ca. 1 Std. zugedeckt auf sehr kleiner Flamme köcheln (nötigenfalls Wein oder Wasser nachgießen). Fertiggegarte Hühnerteile ausheben, Fleisch von den Knochen lösen – zwischen Fleisch und Knochen darf praktisch keine Haftung mehr bestehen – beiseite stellen, warm halten.

Schlagobers steif schlagen, Eidotter unterrühren, Gemenge mit dem Schneebesen in die nicht kochende Suppe einschlagen. Noch 10 Min. ziehen lassen, dabei das Hühnerfleisch erwärmen. Würzung kontrollieren (v.a. den Honiganteil), servieren: entweder als Vorspeise (Suppe) – dann nur mit Petersilie bestreuen – oder, dick eingekocht, als Hauptspeise reichen.

Beilagen

Normannische Zwiebeln

500 g weiße Zwiebeln, in dickere Scheiben geschnitten • 1/2 EL Salz • (viel) geschrotete schwarze Pfefferkörner • 1 – 2 EL Heidehonig • 1 EL Butter • ca. 150 ml Apfelmost (im Original natürlich Cidre aus der Normandie)

Zwiebelscheiben in einen flachen Topf schichten, jede Lage etwas salzen, pfeffern und mit Honig beträufeln. Zuletzt den Apfelmost dazugeben. Zugedeckt im Backrohr bei 170° C 1 Std. garen. Danach auf der Herdplatte noch so lange köcheln lassen, bis die Flüssigkeit fast gänzlich reduziert ist (ca. 10 – 15 Min.).

Neben dem obligaten Erdäpfel-/Kartoffelpüree eine phantastische zweite Beilage zu Geselchtem/Geräuchertem; paßt aber auch herrlich zu faschierten Laibchen/Buletten/Frikadellen.

Gefüllte Zwiebeln

4 große (weiße) Zwiebeln • 1/4 l Weizenschrot (in Reformkostläden oder unter dem Namen „Bulgur“ in türkischen Spezialitätenläden erhältlich) • 200 g Faschiertes/Gehacktes (Lamm ist gut, der übliche Mix aus Schweine- und Rindfleisch tut's aber auch) • 2 EL Schlagobers/Süße Sahne • 1 Eidotter/Eigelb • Salz • Pfeffer • 1 TL gemahlener Kreuzkümmel • 1 TL Honig • 1 TL grobgehackte Chili-Schoten (so gewünscht) • 1/4 – 1/2 l Suppe/Brühe • Butter • Petersilie

Den Weizenschrot über Nacht in kaltem Wasser quellen lassen. – Die Zwiebeln schälen (am unteren Ende sollten die Schalen noch zusammenhängen, oben kann ohneweiters eine Kappe abgeschnitten werden) und in Salzwasser ca. 15 Min. kochen. Fertiggegarte Zwiebeln überkühlen und mit einem Kaffeelöffel aushöhlen – zumindest zwei Zwiebellagen stehen lassen.

Das Faschierte mit dem Weizenschrot, dem Schlagobers, Eidotter, den Gewürzen sowie dem Honig gut mischen. Das Gemenge in die ausgehöhlten Zwiebeln geben.

Gefüllte Zwiebeln in gebutterte Form geben, mit heißer Suppe angießen (etwas davon auch in die gefüllten Zwiebeln geben) und im auf ca. 180° C vorgeheizten Backrohr ca. 40 Min. garen. Fertige Zwiebeln aus der Suppe heben (diese kann für Gemüsesuppe Verwendung finden), mit Petersilie bestreut servieren.

Gefüllte Zwiebeln harmonieren als Beilage gut mit Gemüseaufläufen. Als Hauptspeise serviert, verlangen sie kräftige Salate (Erdäpfel-/Kartoffelsalat mit Kernöl beispielsweise) und/oder ein Püree aus Kichererbsen.

Hinweis: Das übriggebliebene Zwiebelfleisch kann, kleingehackt, ebenfalls in die Fülle gemischt werden, oder Sie verwenden es für faschierte Laibchen/Buletten/Frikadellen.

Auf die gleiche Art können auch feste Paradeiser/Tomaten (sie dürfen ruhig noch etwas grün sein) gefüllt werden.

Baked Beans

200 g getrocknete kleine, weiße Bohnen/-kerne • 1 größere Zwiebel, in grobe Würfel geschnitten • 1 EL Butter • 1 – 2 gepreßte Knoblauchzehen • ca. 200 g geschälte, grobgewürfelte Paradeiser/Tomaten (Fertigprodukt) • Salz • Pfeffer • frische Petersilie (so gewünscht) • (zumindest) 1 EL Honig (im Original der nordamerikanischen Pioniere fand auch Ahornsirup Verwendung)

Die Bohnen über Nacht in viel Wasser einweichen. – Am nächsten Tag Bohnen abseihen, Einweichwasser weggießen. Bohnen in frischem, ungesalzenem (!) Wasser erneut zustellen und in ca. 20 Min. weich kochen, abseihen (Kochwasser z.B. für Gemüsesuppe verwendbar), Bohnen beiseite stellen.

Zwiebel in mäßig erhitzter Butter ca. 10 Min. schwitzen lassen, dann Knoblauch dazugeben und einige Minuten weiter schwitzen lassen. Nun die Paradeiser dazugeben und ca. 10 Min. köcheln lassen – die Flüssigkeit der Paradeiser muß fast gänzlich verdampfen. Zuletzt kräftig salzen, pfeffern, Petersilie und Honig einrühren sowie Bohnen untermengen. Zugedeckt 30 Min. ziehen lassen, fertig – lauwarm servieren!

Baked Beans sollten ziemlich trocken, nur feucht sein – falls sie nach dem Ziehen noch immer sehr feucht sind, nötigenfalls im linden Backrohr bei vielleicht 70° C „trocknen".

Es gibt selbstverständlich unendlich viele Varianten dieser ursprünglichen Zubereitung, die klarerweise in der Eisenpfanne über offenem Feuer erfolgte. So kann man Speckwürfel, Grammeln/Grieben, Faschiertes/Hackfleich usw. mitbraten.

Da unter „Honig, festlich" einige Grillrezepte angeführt sind, möchte ich auch hier noch kurz beim offenen Feuer innehalten und eine Baked Beans-Variante für die Grillmeister anführen.

Grilled Beans

Zuvorstehendes Gericht wird nicht gar so trocken ausgeführt, dafür aber um 1 – 2 EL Semmelbrösel (oder 1 EL Mehl) erweitert. Aus dieser Masse können Laibchen/ Buletten/Frikadellen geformt werden, man kann sie auch auf Spieße stecken und über der Glut grillen, pro Seite ca. 2 – 3 Min. (je nach Stärke). Man kann sie freilich auch mit einigen Butterflöckchen in Alu-Folie einschlagen und so auf den Rost legen.

Kleine Gemüsestrudel

200 g kleingewürfelte (oder in dünne Scheiben geschnittene) Kohlrabi, Zucchini, Karotten/Mohrrüben, gemischt • 4 EL Sojasauce • 1 EL kräftiger Honig • 160 g grobgehackte Cashew-Nüsse • 1 Pkg. Strudelblätter • 1 Eiklar/Eiweiß • Erdnußöl

Die Sojasauce mit Honig verrühren, Gemüse darin ca. 10 Min. einlegen, danach abtropfen lassen. Cashew-Nüsse ohne Fett etwa 3 Min. auf großer Hitze rösten.

Die Strudelblätter auf feuchtem Tuch ausbreiten und in 16 gleich große Quadrate schneiden. 8 davon mit den gerösteten Nüssen und den gut abgetropften Gemüsen mittig belegen, Ränder mit Eiklar bestreichen, weiteres Strudelquadrat darüberlegen, Ränder fest andrücken.

In (viel) Öl goldgelb fritieren, anschließend in ein Küchentuch einschlagen/entfetten. Sofort servieren!

Eine überaus herrliche Beilage zu kurz gebratenen Steaks oder großen Braten.

Salate

Salat mit Avocado, Datteln und Fenchel

1/2 Kopfsalat (oder gut zwei Hände voll Rapünzchen-/Vogerlsalat) • 100 g Cocktail-Paradeiser/Tomaten • 1 kleine Fenchelknolle • 6 frische (können aber auch kandierte sein) Datteln • 4 EL ganze Haselnüsse (enthäutet) • 1 filetierte Orange/Apfelsine • 1 filetierte Grapefruit/Pampelmuse (rosa) • 2 Avocados
Vinaigrette: *5 EL Orangensaft • 1 EL Zitronensaft • je 1/2 TL kleingeschnittene Orangen- wie Zitronenschalen (unbehandelt) • 1 EL Senf/Mostrich (mild) • 1 EL Weißweinessig • 2 EL Honig • 2 EL Schnittlauch • 6 EL Olivenöl • Salz • Pfeffer*

Salat verlesen, waschen, trockentupfen. Tomaten waschen und halbieren. Vom Fenchel den Strunk herausschneiden, Fruchtfleisch in (sehr) dünne Scheiben schneiden, etwas vom feinen Fenchelgrün aufheben. Datteln entkernen und halbieren. Haselnüsse ohne Fett bei milder Hitze rösten, auskühlen lassen, grob hacken. Avocados schälen, halbieren, Kerne herausnehmen, Fruchtfleisch in mundgerechte Stücke schneiden.

Für die Vinaigrette alle angeführten Zutaten glatt verrühren; erst kurz vor dem Servieren die Salatzutaten damit vorsichtig vermengen und den fertigen Salat mit dem nur grobgeschnittenen Fenchelgrün bestreuen.

ANDERER EI-SALAT

1 Kopf Blattsalat • 100 g geräucherte, grobgewürfelte Makrele oder Heilbutt (umgebungstemperiert) • 50 g gekochte oder gegrillte Garnelen (umgebungstemperiert) • 1 Handvoll Cocktail-Paradeiser/Tomaten, halbiert (umgebungstemperiert) • 6 Eier • 3 EL Schlagobers/Süße Sahne • Salz • Butter

Marinade: *1/8 l Öl • 4 EL Weißweinessig • 1 EL kräftiger Honig • Salz • Weißer Pfeffer*

Blattsalat zerpflücken, waschen, trockenschleudern, auf Teller verteilen. – Fisch, Garnelen und Tomaten in eine Schüssel geben.

Aus Öl, Essig, Honig, Salz und Pfeffer eine Marinade rühren. – Eier mit dem Schlagobers gut verquirlen und in der Butter ein flaumiges Omelett backen, sofort grob zerpflücken, vorsichtig mit Fisch, Garnelen und Tomaten mischen. Marinade darübergießen, einmal umheben und auf dem Blattsalat servieren.

Das Geheimnis dieses Salates ist ganz einfach: Nur in lauwarmem Zustand entfaltet sich das ungemein köstliche Aroma!

Nuss-Salat

1 Kopfsalat • 2 – 3 Handvoll Rapünzchen-/Vogerlsalat • Öl • Essig • 50 g feingeriebene Wal- oder Haselnüsse • 2 EL Honig • Salz • Pfeffer

Salate waschen, verlesen, trockenschleudern. – Aus Essig, Öl, Nüssen, Honig sowie Salz und Pfeffer eine glatte Marinade rühren. Salatblätter damit abmachen, sofort servieren.

Paßt sehr gut zu Schweinebraten, ist aber auch eine vortreffliche Vorspeise!

Roher Chicorée-Salat

5 Chicorée • Saft einer Zitrone • 1 filetierte Mandarine • 1/2 säuerlicher, kleingeschnittener Apfel • Zitronensaft (oder Apfelessig) • Öl • Salz • Pfeffer • 2 EL Honig • 2 – 3 hartgekochte, geviertelte Eier (so gewünscht) • mehrere mit Chili gefüllte grüne Oliven (so gewünscht) • Paprikapulver edelsüß (so gewünscht)

Die Chicorée der Länge nach halbieren – sollte Ihnen die Bitterkeit dieses Gemüses zu groß sein, Strunk herausschneiden. Chicorée-Hälften vorsichtig waschen, trocknen und sofort mit Zitronensaft beträufeln, damit sie nicht oxydieren.

Aus Öl, Zitronensaft (Apfelessig), Salz, Pfeffer und Honig eine glatte Marinade rühren.

2 Chicorée-Hälften in feine Streifen schneiden und mit den Mandarinenfilets, Apfelstückchen und der Marinade vermengen. Abschmecken – es sollte ein eindeutiges Honigsüß-Zitronensauer vorherrschen!

Je zwei Chicorée-Hälften so auf den Teller geben, daß sie an einem Ende zusammenstoßen; hier den abgemachten Salat anhäufeln.

Man schneidet ein Stück von den Chicorée-Hälften ab und tunkt es in den abgemachten Salat: diese Harmonie aus leichter Bitterkeit und süßer Säure ist ein Gedicht!

Die oben angeführten Eier und Oliven dienen der Dekoration – man legt die Eier auf die Chicorée-Hälften und davor und/oder dahinter je eine Olive. Eier mit edelsüßem Paprikapulver bestreuen.

Bohnen-Schafkäse-Salat

100 g rote/Kidney-Bohnen • 100 g kleine weiße Bohnen • 50 g Maiskörner (Dose) • 3 – 5 geachtelte/geviertelte Paradeiser/Tomaten, je nach Größe • je 1 in Ringe geschnittene rote, grüne, gelbe Paprikaschote • 1 mittlere, grobgewürfelte Zwiebel • 1/8 l Tomatenketchup • 3 EL Honig • 3 EL Essig • 1 rote / grüne, entkernte und in Ringe geschnittene Chili-Schote (oder mehrere, je nach Geschmack) • Salz • 200 g grobzerbröckelter Schafkäse (Feta) • einige grüne Salatblätter zum Garnieren

Getrocknete Bohnen am Vortag einweichen, weich kochen, abseihen oder vorgekochte Dosenware verwenden. In jedem Fall die fertigen Bohnen mit Maiskörnern, Paradeisern, Zwiebel und Paprikaschoten vermengen und eine Marinade aus Ketchup, Honig, Essig, den Chili-Ringen sowie Salz darübergießen, verrühren, 1 Std. marinieren. Über Salatblättern anrichten, erst zuletzt den Schafkäse darüberbröseln.

Ein idealer Auftakt zu einem mediterranen Sommermenü oder – an besonders heißen Tagen –, mit Scheiben von gutem Weißbrot gereicht, eine veritable Hauptspeise.

Bayrischer Rettichsalat

2 mittelgroße, weiße Rettiche • 1 TL Salz • 2 säuerliche Äpfel • 1/2 Salatgurke • 2 EL Sauerrahm • 150 g Joghurt • 2 EL Zitronensaft • Schwarzer Pfeffer • 1 TL Honig (kann ruhig ein etwas kräftigerer sein) • 80 g in dünne Streifen geschnittener, gekochter Schinken (Schinkenwurst) • 1 Bund Schnittlauch, feingeschnitten

Rettiche schälen (oder nur waschen), in feine Scheiben hobeln, diese salzen und etwa 10 Min. ziehen lassen. Gurke der Länge nach halbieren, in dünne Spalten schneiden, dergleichen die entkernten Äpfel.

Sauerrahm mit Joghurt, Zitronensaft, Pfeffer sowie Honig glatt verrühren.

Die abgetropften Rettiche mit den Gurken- und Apfelscheiben sowie dem Schinken und dem größten Teil des Schnittlauchs gut durchheben. Marinade nur locker, etwas nachlässig unter die Salatzutaten heben – es schadet keinesfalls, wenn hin und wieder eine Scheibe unmariniert bleibt. Fertigen Salat mit übriggebliebenem Schnittlauch bestreuen.

Dazu reicht man Bierbrezeln und – no na! – ein kühles Blondes.

Shrimps in Senf-/Mostrichsauce

150 g Shrimps (frisch oder aus dem Glas) • 1 – 2 EL scharfer Senf/Mostrich • 2 EL Crème fraîche • 1 EL geschlagener Schlagobers/Süße Sahne • 1 EL Mayonnaise • 1/2 TL frischer, kleingeschnittener Dill • Saft einer Zitrone • 1 EL Honig (mild!) • 1 Kopf Eichblattsalat • 1 EL Öl • Radieschen, Cocktail-Tomaten, Dillzweiglein (zur Dekoration)

Senf, Crème fraîche, Schlagobers und Mayonnaise mit dem Dill, ca. der Hälfte des Zitronensaftes und Honig glatt verrühren, salzen. Shrimps locker unterheben. 30 Min. ziehen lassen.

Währenddessen Eichblattsalat verlesen, waschen, trockentupfen und auf Teller verteilen. Restlichen Zitronensaft mit Salz und Öl verrühren und über die Salatblätter träufeln. Shrimps-Sauce mittig aufsetzen. Ev. mit Radieschen, Cocktail-Tomaten und Dillzweiglein garnieren.

Beilage? Ist nicht unbedingt erforderlich, im äußersten Fall vielleicht Weißbrot – alles andere stört diesen herrlichen Genuß.

Amerikanischer Garnelensalat

2 junge, kleine Kopfsalate • 250 g Garnelenschwänze (Dose oder tiefgekühlt) • 1 kleingeschnittene Knoblauchzehe • 1 Becher Joghurt • 3 EL Mayonnaise • Saft einer halben Zitrone • 1 TL scharfer Senf/Mostrich • Salz • Pfeffer • 1 – 2 EL Honig

Falls die Garnelenschwänze nicht vorgekocht sind, kurz blanchieren bzw. mit Knoblauch braten. Salatköpfe vierteln (kleinere nur halbieren), nötigenfalls waschen und auf Teller verteilen. Joghurt mit Mayonnaise und den restlichen Zutaten verrühren, abschmecken, mit den Garnelen vermengen und über die Salatviertel leeren.

Sehr einfach – äußerst lecker!

Sonstiges

Honig-Gelee

1/2 l Wasser • 1/2 l Honig (dieses Mischungsverhältnis ist ein max. verträgliches; Sie können selbstverständlich den Wasseranteil zugunsten des Honiganteiles reduzieren) • einige Tropfen Zitronensaft • Gelatine-Blätter (Menge nach Packungsaufschrift)

Gelatine-Blätter in kaltem Wasser einweichen. Wasser mit Zitronensaft und Honig erwärmen, bis sich die Bestandteile gut vermischen lassen. Ausgedrückte Gelatine-Blätter mit etwas Wasser heiß verflüssigen, dann in das Honig-Gemisch gut einrühren. Alles zusammen in Formen füllen und im Kühlschrank erstarren lassen (ca. 3 Std.).

Diese Grundmasse läßt sich durch diverse Beimengungen unendlich variieren: geriebene/klein- oder grobgehackte/ganze Nüsse, Orangen- oder Zitronensaft, Früchte, Cognac, Whisky, Zitronenpfeffer usw. usf., selbstverständlich auch alle möglichen (und unmöglichen) Kombinationen – lassen Sie Ihrer Phantasie freien Lauf, experimentieren Sie ungehemmt!

Wozu benötigt man Honig-Gelee?

- Man kann es grundsätzlich in größere Würfel / Rauten oder dgl. schneiden, in Staub-/Puderzucker oder geriebenen Nüssen wälzen und zum Mokka reichen; oder
- Sie füllen die Masse in ansprechende Formen und servieren das fertige Gelee Ihren Kindern als Ersatz für sonstiges am Markt befindliches „Gummizeug"; oder

- Sie bedecken den Boden einer kleinen Puddingform (eine Kaffee-/Tee-Tasse tut's aber auch) mit einer vielleicht 1 cm dicken Schicht Gelee und lassen diese erkalten. Danach belegen Sie das Gelee mit einer beliebigen Menge würfelig geschnittenen Brathuhnes (z.B. Reste) und gießen wieder Gelee darüber; das Fleisch muß bedeckt sein. Nach dem Erkalten Gelee stürzen (Form kurz ins heiße Wasser stellen) und auf Blattsalaten als Vorspeise servieren; oder
- größere Würfel – gleichgültig, ob in irgend etwas gewälzt oder nicht – kann man auch zu (gut) abgetropften Rumtopf-Früchten reichen („Rumtopf mit Honig-Gelee"); oder
- halbierte, entkernte Avocados gut mit geschrotetem Schwarzem Pfeffer bestreuen, das Kernloch mit kleinen Honig-Gelee-Würfelchen und Shrimps füllen (in diesem Fall schaden einige zusätzliche Tropfen Zitronensaft keinesfalls); oder
- Sie belegen getoastetes Weißbrot mit sehr kleinen Würfelchen des Honig-Gelees, darüber geben Sie Filets von geräuchertem Fisch und toppen dies mit einem Klacks lediglich leichten Oberskren/Süße Sahne mit Meerrettich („Kalter Honig-Fisch"). Auch hierbei schaden eine kräftige Gabe Schwarzen Pfeffers bzw. – aufgrund der Farbwirkung noch besser --- rote Chili-Flocken nicht; oder
- Sie erwärmen das Gelee nochmals, bis es halbwegs flüssig ist, und überziehen (mittels Pinsels) damit dünn ebenso dünne, kalte Fleischscheiben: beim kalten Buffet beispielsweise oder als Begleiter zum Aperitif; oder
- kalte, maximal messerrückendünne Scheiben vom übriggebliebenen Schweinebraten auf dünn mit einem 1:1-Gemisch aus Topfen/Quark und blanchiertem, kleinstgeschnittenem Mangold (oder Spinat) belegte getoastete Weißbrotscheiben legen und anschließend mit Honig-Gelee überziehen – himmlisch! Der einzige Titel, der mir dazu einfällt: „Als das Schwein den Himmel erfuhr".

ENGLISCHER ZWIEBELKUCHEN

Teig: *175 g glattes Mehl • Salz • 40 g Schweineschmalz • 40 g Butter (Margarine) • 3 – 4 TL Wasser*
Fülle: *50 g Butter • ca. 500 g in feine Scheiben geschnittene Zwiebeln • 1 TL Mehl • Salz • viel geschrotete, schwarze Pfefferkörner • geriebene Muskatnuß • 150 ml Schlagobers/Süße Sahne • 1 Ei • 80 g Honig*

Aus den unter „Teig" angegebenen Zutaten einen festen, glatten Teig herstellen (Wasser nach und nach sowie nach Bedarf beigeben). Fertigen Teig auf bemehlter Unterlage ausrollen und eine 20 cm-Springform – Boden wie Wand – damit auskleiden. Rasten lassen.

Währenddessen Zwiebeln auf kleiner Hitze in Butter schwitzen lassen, bis sie weich sind (ca. 15 Min., sie dürfen nicht braun werden). Nun das Mehl gleichmäßig über die Zwiebeln verteilen und etwa 3 Min. weiterrösten, salzen, pfeffern. Mit Ausnahme von 3 EL den Schlagobers mit Honig verquirlen und über die Zwiebel leeren, nur sanft umrühren, 3 – 4 Min. leicht köcheln lassen. Restlichen Schlagobers mit dem Ei verquirlen und zu den Zwiebeln gießen – die Sauce darf zu diesem Zeitpunkt nicht mehr kochen.

Nun die gesamte Zwiebelsauce in die mit Teig ausgelegte Springform gießen, mit Muskatnuß bestreuen und im vorgeheizten Backrohr bei 200° C ca. 45 Min. backen. Sobald die Fülle fest geworden ist – nach ca. 30 Min. –, die Springform öffnen; so kann auch der Teigrand bräunen. Überkühlt – als Beilage zu Geselchtem/Geräuchertem – oder kalt – als Hauptspeise – servieren.

Pistazien-Rosmarin-Grissini

1 Würfel zerbröckelte Frischgerm/-hefe (25 g) • 30 g Honig • 3 cl Wasser • 1/2 kg Mehl • 1 – 2 TL frische, kleingehackte Rosmarinnadeln • 50 g kleingehackte Pistazien • 1 TL Salz • 3 TL Olivenöl • 2 EL grobkörniges Salz (so gewünscht)

Die Germ mit Honig und lauwarmem Wasser sowie 2 – 3 TL Mehl verrühren und zugedeckt etwa 30 Min. gehen lassen. Währenddessen das restliche Mehl mit dem Rosmarin, den Pistazien und Salz mischen. Dann den fertig gegangenen Vorteig – „Dampfl" – und Öl unterkneten. An einem warmen Ort zugedeckt 1 – 1 1/2 Std. auf ca. das Doppelte aufgehen lassen.

Den fertig gegangenen Teig noch einmal kräftig durchkneten, knapp eigroße Stükke abzupfen und mit den Handflächen auf bemehlter Unterlage zu max. 5 mm dicken Stangen auswalken. Auf ein mit Backpapier belegtes Backblech legen (ev. noch einmal 10 Min. gehen lassen), mit Olivenöl bestreichen, dem grobkörnigen Salz bestreuen und im auf 200° C vorgeheizten Backrohr ca. 20 – 30 Min. backen (genaue Backdauer ist abhängig vom Durchmesser).

Damit die Grissini so schön resch sind, wie vom letzten Italienaufenthalt gewohnt, sollten Sie nach ca. der halben Backzeit die Tür des Backrohrs einen Spalt öffnen; somit entweicht Wasserdampf.

Mit dieser fragilen Köstlichkeit kann gar mancher Unfug getrieben werden: man kann die Stangen mit Rohschinken umwickeln, man kann damit Liptauer oder sonstigen Frischkäse aufnehmen, man kann sie aber auch nur so zum Salat oder beim abendlichen Fernsehen knabbern.

Nur: Servieren Sie sie nie Ihren Freunden, denn Sie würden gezwungen werden, täglich Grissini zu produzieren, immer mehr, immer mehr...

PLUMPUDDING

250 g feingewiegtes oder doppelt faschiertes/gehacktes Nierenfett (Rind oder Schaf) • 150 g kleingeschnittenes Knochenmark (Rind) • 300 g Rosinen, Korinthen gemischt • je 50 g kleingeschnittenes Zitronat und Orangeat • 3 – 4 geschälte, kleingewürfelte Äpfel • gemahlener Zimt und Muskatnuß (Menge nach Geschmack und Verwendungszweck, s. weiter unten) • 150 g Honig • 300 g Semmelbrösel/Paniermehl • Arrak, Rum, Cognac oder Weinbrand (Menge nach Geschmack, man kann diese Destillate aber auch weglassen} • 100 g Mehl • 5 Eier • Salz (Menge nach Verwendungszweck, s. unten)

Die ersten 8 Zutaten gut vermengen – dazu benötigen Sie den Knethaken einer kräftigen Küchenmaschine oder einen Kochlöffel und ebenso kräftige Oberarme.

Dann werden die Eier und das Mehl (sowie das Destillat) eingerührt – das geht etwas einfacher. Den Teig nun zugedeckt ein bis zwei Stunden rasten lassen. Dann ihn straff in eine Stoffserviette einbinden und ca. 2 Std. zugedeckt in einem großen Topf sieden lassen – die Kugel muß immer schwimmen, nötigenfalls kochendes Wasser zugießen.

Den fertigen Plumpudding aus der Serviette nehmen und vorerst mal in Scheiben schneiden.

Dieses englische Traditionsgericht hat es in sich. Damit meine ich nicht das Fett – das kocht sich größtenteils aus und dient nur als Bindemittel. Es sind die Verwendungsarten: hier tun sich Welten auf.

Man kann den Plumpudding mit einer dickeren Rum- oder Vanillesauce als Süßspeise servieren. Mit einer Fruchtsauce gereicht, geht er als Hauptspeise durch. Etwas weniger gesüßt, dafür mehr gesalzen – ein tolle Beilage für Ragouts. Man kann den Plumpudding auch in Mehl, Ei und Semmelbrösel/Paniermehl panieren – dazu lediglich Salate reichen.

Als Vorspeise serviert man ihn auf Blattsalaten mit etwas Mayonnaise oder Joghurt-Dressing.

In gröbere Würfelchen geteilt und auf Zahnstocher/Cocktailspießchen gespießt, eignet er sich gut als Aperitif-Begleiter – vor allem, wenn Sie einen Klacks scharfe Honig-Mayonnaise darüberlegen.

Sie sehen: Plumpudding ist universell einsetzbar!

DRUMSTICKS UNIVERSAL

12 kleine Hühnerflügel • 2 Scheiben Weißbrot, entrindet, in kleine Würfel geschnitten (Kantenlänge ca. 7 mm) • 30 g Butter • 200 g Stangensellerie • 4 halbierte Salatherzen (von Kopfsalaten) • Fritierfett • Mehl • Zitronenpfeffer

Flügel-Marinade: *2 – 3 EL Ketchup • 70 g Honig • 1 EL Tabasco • 2 EL Rotweinessig • Salz • Pfeffer*

Salat-Marinade: *100 g Roquefort • max. 100 g Crème fraîche • Salz • Pfeffer • 1 Ei • 1 Eidotter/Eigelb • 2 EL Rotweinessig • 1/8 l Öl (so gewünscht)*

Von den Flügeln die Spitzen abschneiden.

Alle unter „Flügel-Marinade“ angegebenen Zutaten gut vermengen, Flügel darin über Nacht zugedeckt marinieren. Roquefort mit Crème fraîche passieren und etwas Rotweinessig untermischen (ev. aus Ei, Eidotter, Rotweinessig und Öl eine mollige Mayonnaise herstellen oder Fertigprodukt verwenden und unter den passierten Roquefort mengen – in diesem Fall freilich keinen zusätzlichen Essig einrühren). Salzen, pfeffern.

Weißbrotwürfel in wenig heißer Butter goldbraun rösten. Stangensellerie in feine Scheibchen schneiden (ev. Fäden abziehen). Marinierte Hühnerflügel etwas abtropfen lassen, mit Mehl bestauben und in sehr heißem Fett knapp 5 Min. fritieren. Danach auf Küchenkrepp entfetten.

Teller mit Zitronenpfeffer bestreuen, darauf ca. 3/4 der Selleriewürfel verteilen, Salatherzen mittig, Flügel rundherum plazieren. Salatherzen mit Roquefort-Marinade beträufeln. Erst zuletzt die gerösteten Brotwürfel darüberstreuen.

Entweder als Vorspeise oder – unter Verdoppelung der Hühnerflügel-Anzahl – als Hauptspeise reichen. Die dergestalt fritierten Hühnerflügel stellen auch ohne jegliche Beilage ein köstliches fingerfood – kalt für zwischendurch, zum Aperitif usw. — dar.

Der Ausdruck „drumstick“ für Hühnerflügel kommt aus dem Englischen und bedeutet eigentlich „Trommelschlegel“. Abgesehen davon, daß die ehemals weggeworfenen oder bestenfalls für Hühnersuppe verwendeten Hühnerflügel unter diesem Terminus Eingang in die internationale Küche gefunden haben, finde ich diese Assoziation viel zu köstlich, als daß sie unter den Tisch gekehrt werden sollte.

HONIG, FESTLICH

... mit Schwein

Schweinskarree mit Marillen/Aprikosen und Melanzani

1 Stück frischer, geriebener Ingwer (knapp daumengroß) • ca. 1 TL gestoßene Koriandersamen • 3 EL Honig (je mehr Koriander Sie nehmen, um so kräftiger sollte der Honig sein) • 1 1/2 kg kurzes Schweinskarree/Rippenstück, ausgelöst (Knochen jedoch vom Fleischer klein hacken lassen und mitnehmen) • Salz • Pfeffer • Öl oder Schweineschmalz • 100 g Butter • 1/4 l Weißwein • 6 kleinere Zwiebeln • 6 Knoblauchzehen • 2 EL Zucker • 500 g entkernte, halbierte Marillen/Aprikosen • 1 in 1 cm dicke Streifen geschnittene Melanzani/Aubergine • 4 EL Olivenöl • 1 TL Mehl, glatt • 4 cl Sherry (trocken)

Backrohr auf 200° C vorheizen.

Ingwer, Koriander und Honig gut verrühren. Fleisch salzen und pfeffern und in heißem Öl/Schmalz rundum kräftig und rasch anbraten, dann mit der Ingwer-Koriander-Honig-Mischung bestreichen und mit Butterflocken (knapp die Hälfte der oben angegebenen Menge) belegen. Gehackte Knochen im Bräter verteilen, Fleisch darauflegen und ca.1 1/2 Std. im Backrohr (220° C, fallend) braten – dabei immer wieder mit Bratensaft, dem löffelweise Weißwein zugegossen wird, begießen. Nach ca. 30 Min. Zwiebeln und Knoblauch im Ganzen mitbraten. Der Braten ist fertig, wenn nach Einstich mittels Nadel blaßrosa Fleischsaft austritt.

Währenddessen die restliche Butter in einer Pfanne erhitzen, den Zucker beigeben und die Marillen darin mehrfach wenden (karamelisieren) – rasch arbeiten, Marillen werden sehr schnell zu weich! Fertige Marillen beiseite stellen.

Nun Melanzani-Streifen in heißem Olivenöl bräunen, salzen, pfeffern, ebenfalls beiseite stellen.

Den fertigen Braten in Alu-Folie einschlagen und warm halten (aber nicht im heißen Rohr weiter garen lassen!).

Zwiebeln und Knoblauch aus dem Fond heben, ebenfalls beiseite stellen. Fond mit den Knochen fast trockenrösten, Mehl einrühren, noch kurz weiterrösten, dann mit etwas Wasser und dem Sherry aufgießen, kochen lassen, bis sämige Konsistenz erreicht ist, schließlich Sauce durch ein sehr feines Sieb seihen.

Braten in Scheiben schneiden, mit Sauce beträufeln (je Scheibe knapp 1 EL, restliche Sauce extra reichen), Marillen und Melanzani um die Scheiben herum gruppieren.

Für Spezialisten: Zwiebeln und Knoblauchzehen extra reichen!

Zugegeben, die Menge wird auch den größten Appetit von 4 durchschnittlichen Essern sprengen. Doch gemach, gemach – der Schweinebraten kann auch kalt genossen werden: s. Kapitel „Honig-Kleinigkeiten / Kalte Entrees“, S. 67.

Schinken im Nussteig mit Apfelmus (Bild S. 86)

Brotteig: *1 Packung Trockengerm/-hefe • 1 TL Zucker • 3 cl Milch • 150 g Roggenmehl • 150 g Weizenmehl • 2 EL Butter • 1 Ei • Salz • 150 g grobgehackte Walnüsse*
Ca. 1 – 1 1/2 kg gekochten Beinschinken im Ganzen (ohne Schwarte und ohne Knochen) • 3 größere Backoblaten
Apfelmus: *1 EL Zucker • 1 großer, geschälter, kleingewürfelter Apfel • 1 EL Honig • 1 EL Zitronensaft • 1/2 l Most • (wenig) Majoran*

Germ und Zucker in handwarmer Milch auflösen, zusammen mit den beiden Mehlsorten, Ei, Butter und Salz zu einem glatten Teig verarbeiten. Erst zuletzt die Nüsse einarbeiten und Teig zugedeckt an einem warmen Ort 1 Std. gehen lassen.

Währenddessen Zucker in trockener Pfanne honiggelb schmelzen, Apfelstücke dazugeben, kurz anschwitzen, Honig einrühren, Zitronensaft und die Hälfte des Mostes zugießen, Majoran einrühren – Apfelmasse sehr dick einkochen. Abschließend pürieren und beiseite stellen.

Germteig noch einmal kräftig durchkneten und auf bemehlter Arbeitsfläche annähernd zu einem Kreis (oder Rechteck) ausrollen. Mittig mit zwei Oblaten belegen, darauf ca. die halbe Apfelmasse verteilen, Schinken daraufsetzen, dessen Oberseiten mit der restlichen Apfelmasse bestreichen und anschließend wieder mit Oblaten belegen. Nun das Schinken-Apfelmus-Oblaten-Paket fest in den Teig einschlagen, dabei darauf achten, daß alle Nähte auf einer Seite zu liegen kommen.

Gesamtpaket mit den Nähten nach unten auf ein mit Backpapier ausgelegtes Backblech setzen; soweit wie möglich mit kalter Milch bepinseln und Oberseite einige Male durchstechen (Gabel). Im auf 220° C vorgeheizten Backrohr ca. 2 Std. (nach 1/2 Std. fallend) backen.

Außer Salaten benötigt dieser Schinken keinerlei Sättigungsbeilagen – das Brot genügt völlig. Zu Ostern genossen, muß jedoch gerissener Kren/Meerrettich dabei sein: Schinken im Brotteig ist in Niederösterreich, Steiermark und Kärnten ein traditioneller Osterschmaus, der auch kalt genossen werden kann.

Hinweise: Bei dem hier vorgestellten Germteig-Mantel handelt es sich um eine Luxusvariante – traditionellerweise verwendet man einfachen Sauerteig (beim Bäcker nach Vorbestellung erhältlich).

Abgesehen von Ostern, kann auch jedwedes Geselchtes/Geräuchertes auf diese Weise behandelt werden.

Wildschwein in Holler-/Holundersauce

Ca. 700 g Wildschweinfleisch aus der Keule im Ganzen • Salz • Pfeffer • 2 EL Schweineschmalz • 1/4 l frische, gerebelte Hollerbeeren • 1/4 l Rotwein • 1 TL Stärkemehl • 1/8 l Schlagobers/Süße Sahne • 2 EL Waldhonig • 1 EL Cognac / Schottischer Malzwhisky (so gewünscht)

Hollerbeeren mittels Gabel grob quetschen. Bratenstück salzen, pfeffern und im Bräter (Gußeisen, Edelstahl) allseitig im heißen Schmalz auf großer Flamme anbraten. Mit knapp der Hälfte des Rotweines ablöschen, Hollerbeeren dazugeben. Zugedeckt im Backrohr bei ca. 220° C fallend in längstens 3/4 Std. (bei der Nadelprobe sollte dunkelrosa Saft austreten) garen, immer wieder mit Sauce begießen, nötigenfalls etwas Wasser nachgießen. Fertigen Braten in Alu-Folie einschlagen und 10 Min. rasten lassen.

Währenddessen Bratenrückstand mit Wasser aufkochen und so lange kochen, bis fast alle Flüssigkeit verdampft ist. Nun Stärkemehl einrühren und sofort mit Schlagobers und dem restlichen Rotwein aufgießen, Honig dazugeben, fest mit dem Schneebesen rühren und Sauce 1 – 2 Min. kochen lassen.

Die noch relativ flüssige Sauce passieren, erst jetzt auf gewünschte Konsistenz reduzieren und noch einmal abschmecken (Cognac / Whisky hinzugeben).

Braten tranchieren, die Tranchen mit Sauce beträufeln (Rest extra reichen) und mit Kroketten oder kleinen Semmelknödeln/-klößen servieren. Keine Preiselbeeren, keine Birnenhälften, keine Zitrone reichen!

Glasiertes Jungschweinkarree (Bild S. 89)

Sauce: *1 kg grobgehackte Schweinsknochen • Schweineschmalz • 150 g grobgeteiltes Wurzelgemüse (Karotten/Mohrrüben, Sellerie, Petersilie usw.) • 1 EL Paradeis-/Tomatenmark • 1/2 l Rotwein • 1/2 l Wasser • 1 Thymianzweiglein • einige Pfefferkörner • 1 Lorbeerblatt • Salz*
Braten: *1 1/2 kg Karree/Rippenstück vom Jungschwein mit Schwarte, im Ganzen • 2 – 3 EL Schweineschmalz • 1 TL Stärkemehl*
Glasur: *1 mittlere, kleingeschnittene Zwiebel • 1 EL Öl • 1 EL Honig • 1/4 l Orangensaft • 200 g Zucker • Majoran, Thymian, Rosmarin, gehackt • schwarze Pfefferkörner, geschrotet*

Für die Sauce Knochen in Schweineschmalz rundherum scharf anbraten, geteiltes Gemüse dazugeben, ebenfalls bräunen, Tomatenmark mit Thymian, Lorbeerblatt und Pfefferkörnern unterziehen, nur kurz weiterbraten, dann mit Rotwein ablöschen und mit der Hälfte des Wassers aufgießen, langsam (!) aufkochen und ca. 1 Std. nicht zugedeckt bei mittlerer Hitze leise wallend vor sich hinköcheln lassen – nach dem Abseihen sollte knapp 1/2 l Flüssigkeit übrig sein (nötigenfalls zwischendurch heißes (!) Wasser nachgießen). Sauce warm halten.

Schwarte des Karrees in der Querrichtung in Abständen von knapp 1 cm bis zum Fettrand einschneiden. Allseitig salzen und pfeffern.

Nun für die Glasur Zwiebel im Öl anschwitzen, dann Honig, Orangensaft, Zucker sowie Kräuter und Pfefferkörner zugeben und so lange reduzierend kochen, bis der Zucker zu karamelisieren beginnt.

Nun das Karree im Schweineschmalz rundherum anbraten, mit der fast karamelisierten Glasurmasse bestreichen und im vorgeheizten Backrohr (ca. 220° C, fallend) ca. 40 – 50 Min. braten; zuerst Schwartenseite nach unten, nach halber Bratzeit wenden. Braten immer wieder mit Bratensaft begießen, nötigenfalls Wasser/Suppe/Brühe löffelweise angießen. Fertigen Braten warm stellen.

Bratenfond trockenrösten, mit Stärkemehl stauben, schnell ein-, zweimal durchrühren und mit der Rotweinsauce aufgießen, stark wallend auf gewünschte Konsistenz einkochen. Braten tranchieren, Schnitten mit Sauce beträufeln (Rest extra reichen).

Dazu harmonieren hervorragend Butterfisolen/grüne Bohnen, kurz gebratene Cocktail-Tomaten und kleine Champignons sowie einige Baby-Karotten/Mohrrüben; weiters „Schupfnudeln“ (s. Rezept S. 112).

Höllenröllchen

Röllchen: *1 mittelgroße, in feine Scheiben geschnittene Zwiebel • 3 EL Öl • 500 g faschiertes/feingehacktes Schweinefleisch • 1 TL gemahlener Zimt • 2 – 3 grobzerdrückte Pimentkörner • etwas gemahlener Ingwer • Salz • Schwarzer Pfeffer • 1 Bund Petersilie, gehackt • 2 Eier • 1 Doppelpackung Strudelblätter (Supermarkt) • 120 g Butter*

Sauce: *2 EL Honig • 2 EL scharfer Senf/Mostrich • 2 EL Zitronensaft • 1 TL frische, gehackte Kerbelblätter • 1 TL Harissa-Paste (Tube), falls nicht erhältlich: eine halbe, kleingeschnittene rote Paprikaschote in Butter sehr weich dünsten, pürieren und kleingehackte Chili-Schoten, Knoblauch, Salz sowie Koriander unterrühren • Ei zum Bestreichen*

Zwiebel in heißem Öl andünsten, faschiertes Schweinefleisch dazugeben und etwa 8 Min. rösten (laufend umrühren), zuletzt mit Zimt, Piment, Ingwer, Salz und Pfeffer würzen, auskühlen lassen. Erst in die überkühlte Masse Petersilie und Eier untermengen. Beiseite stellen, Backrohr auf 200° C vorheizen.

Aus den Strudelblättern auf feuchtem Tuch 20 Rechtecke schneiden und mit erwärmter Butter bestreichen. Auf die Schmalseite von jedem Rechteck gut 1 EL der faschierten Masse wurstförmig aufbringen, Längsseiten ca. 1 cm darüberschlagen und dann – vom befüllten Ende her beginnend – einrollen. Mit der Nahtseite nach unten auf das mit Backpapier ausgelegte Backblech legen, mit verquirltem Ei bestreichen und in ca. 15 – 20 Min. goldgelb backen.

Aus den unter „Sauce“ angegebenen Zutaten schnell eine glatte Sauce verrühren und als Dip reichen.

Mit etwas rohem Sellerie-Salat eine tolle Vorspeise! Wenn Sie die Röllchen nur halb so groß fertigen, stellen sie – kalt – auch eine nette Kleinigkeit zum Aperitif dar.

Hinweis: Wem diese Kombination zu scharf sein sollte, kann die Sauce mit etwas Joghurt strecken. Diese Röllchen können auch fritiert werden – danach auf Küchenkrepp entfetten.

... mit Kalb und Rind

Fegato dolce-brusco

1/16 l Weißwein • 1/16 l Essig • 1 EL Honig • 400 g in dünne Scheiben geschnittene Kalbsleber • Salz • (viel) Pfeffer • Mehl • Schweineschmalz • 2 verquirlte Eier

Wein mit Essig und Honig mischen. Leberscheiben sehr gut pfeffern, in Mehl wenden, abschütteln und durch die Eier ziehen, beidseitig im heißen Schmalz kurz braten (je Seite ca. 1 – 1 1/2 Min., abhängig von der Stärke), mit dem Wein-Essig-Honig-Gemisch ablöschen und noch ca. 5 Min. nur mehr zugedeckt ziehen lassen. Am besten Hitzezufuhr gänzlich abschalten, Pfanne aber auf Platte belassen. Erst ganz kurz vor dem Servieren salzen.

Da dieses Gericht aus dem südlichen Tessin (Sottoceneri) stammt, kann als Beilage klarerweise nur Polenta empfohlen werden!

Fileto Sardegna (Bild S. 93)

4 Scheiben Rindslungenbraten/Filetsteaks, ca. 2 cm dick • Salz • Schwarzer Pfeffer • Mehl • Butterschmalz • ca. 100 g Röstgemüse (Karotten/Mohrrüben, Lauch, Sellerie, Zwiebel, in dünne Scheiben, Ringe, Würfel geschnitten) • 3 Gewürznelken • (wenig) geriebene Zitronenschale, unbehandelt • (mind.) 1 EL Honig – dem Rindfleisch entsprechend, kann es ohneweiters eine kräftige Sorte sein, z.B. Waldhonig • 1 TL milder oder 1/2 TL scharfer Senf /Mostrich • 1/8 l Weißwein • 1/8 l Rindsuppe/-brühe • 2 EL eiskalte Butterflöckchen

Die Filets beidseitig salzen, pfeffern und in Mehl wenden, kräftig abschütteln. Rasch in sehr heißem Butterschmalz pro Seite ca. 1 Min. braten, in Alu-Folie einschlagen und beiseite stellen.

Im Bratrückstand das Röstgemüse 2 Min. auf etwas reduzierter Hitze rösten, dann Gewürznelken, Zitronenschale und Honig beifügen. Nun vorsichtig weiterrösten, bis die Karamelisation einsetzt (1 – max. 2 Min.). Nun Senf einrühren und mit Weißwein und Suppe aufkochen, 10 – 15 Min. nicht zugedeckt köcheln lassen; das Gemüse sollte letztendlich butterweich und die Flüssigkeit größtenteils verdampft sein.

Nun die angebratenen Filetsteaks auf das Gemüse legen, Topf bedeckeln und ca. 10 Min. im mäßig aufgeheizten Backrohr (ca. 150° C) belassen. Danach Fleisch herausnehmen, warm stellen.

Gemüse passieren (Passiersieb, Flotte Lotte, Stabmixer), mit Salz und Pfeffer abschmecken, einmal aufkochen lassen, Hitzezufuhr auf Minimum drosseln, und wenn die Sauce nicht mehr wallt, mit den Butterflocken binden (mittels Schneebesens schnell und kräftig einrühren).

Filets auf Teller anrichten, Sauce rundherum geben, Braterdäpfel/-kartoffeln als Beilage reichen und dazu ein Glas Blaufränkischen aus dem Mittelburgenland trinken.

Tibs Wot – Äthiopisches Schwarzfleisch

2 mittelgroße rote Zwiebeln, in feine Streifen geschnitten • ganz, ganz wenig Bockshornklee-Samen (auf gut sortierten Viktualien-Märken bzw. in Apotheken erhältlich) • 1 EL Butterschmalz (im Original wesentlich mehr) • 1 knapp daumengroßes Stück frischer Ingwer, kleingeschnitten bzw. gerieben • 1 gepreßte Knoblauchzehe • 1/2 TL gemahlener Kreuzkümmel • 3 bis 4 (max.) Kardamom-Samen inkl. Schale • wenig Basilikum • dafür mehr Oregano • 1/2 TL Kurkuma/Gelbwurz, gemahlen (so gewünscht, macht sich aber sehr gut) • feingemahlene Chili-Schoten (Menge nach Belieben, im Original sehr viele) • 1/4 l gehaltvoller Rotwein (beispielsweise Blaufränkischer) • Honig – Menge und Sorte sind ausschließlich von Ihren Vorlieben abhängig. Im Original wird seit Jahrhunderten eine relativ große Menge (mind. 5 – 10 EL) hocharomatischer äthiopischer Berglandhonig verwendet. • 700 g Rindfleisch, in kleine Würfel geschnitten – Kantenlänge max. 1 cm (zur Art des Fleisches s. weiter unten) • Salz • Pfeffer (so gewünscht)

Zwiebelstreifen in der Pfanne (am besten gußeiserne) ohne Fett auf relativ großer Hitze rösten, bis sie zu bräunen beginnen. Zuletzt Bockshornklee-Samen einige Sekunden mitrösten. Dann Butterschmalz dazugeben; sobald sich dieses verflüssigt hat, restliche Gewürze zugeben und ca. 1 Min. braten – dabei kräftig rühren. Nun mit Rotwein ablöschen, aufkochen. Hitze etwas reduzieren, weiterköcheln, bis die Zwiebeln weich sind (ca. 15 Min.).

Fleischwürfel in separater Pfanne ebenfalls ohne Fett rösten (dabei wieder kräftig rühren), bis das Fleisch schwarz zu werden beginnt. Dann noch ca. 2 – 3 Min. weiterrösten (dabei noch schneller rühren).

Nun geröstete Fleischwürfel zu den köchelnden Zwiebeln geben, Honig unterrühren und solange schmoren, bis das Fleisch gar und weich ist (abhängig von der Art des Fleisches, s. unten). Fertiges Gericht mit Salz (und ev. Pfeffer) abschmecken.

Üblicherweise wird dieses Gericht mit Indschera – einem hauchdünnen Fladenbrot aus Teff-Mehl – serviert. Da Teff-Mehl hierzulande eher selten bis gar nicht zu erwerben ist, müssen wir uns mit (größeren) Blinis (in Tellergröße, s. Rezept S. 67) oder ungesüßten Pfannkuchen aus (Bio-)Dinkelmehl behelfen.

Blinis oder Pfannkuchen auf Teller legen (pro Teller ein Stück), auf einem Viertel derselben wird das geschmorte Fleisch (die „Tibs") verteilt.

Original reißt man nun mit Daumen, Zeige- und Mittelfinger (der rechten Hand) einen Flecken der Blinis bzw. Pfannkuchen ab und faßt damit einen Happen der Tibs auf – dieses Päckchen wird nun in eine ziemlich scharfe Dip-Sauce – gemahlene Chili-Schoten mit Zitronensaft – getunkt und zum Mund geführt: ein Erlebnis der 4., wenn nicht gar 5. Dimension!

Zur Wahl der Fleischart:
Äthiopische Hausfrauen dürfen nicht wählerisch sein – sie müssen nehmen, was der Geldbeutel erlaubt bzw. der Markt hergibt.

Hierzulande gilt folgendes: Je hochwertiger das Fleisch (in absteigender Folge seien genannt: Lungenbraten, Hüferl/Hüftsteak, beiderlei Scherzel/Schwanzstücke, obligates Rindsgulaschfleisch (Schulter), um so kürzer die Röst- wie auch Schmorzeit.

Richtwerte: Schulterfleisch muß in dieser Zubereitungsart nach dem Anrösten noch ca. 30 Min. schmoren, um weich zu werden; Lungenbraten insgesamt nur ca. 3 Min. rösten, dann in fertiger Sauce nur mehr erwärmen (nicht mehr schmoren).

Hinweis 1: Wer Gäste bewirtet, die's nicht gar so scharf vertragen, serviere dazu mit kleingeschnittenem, blanchiertem Mangold vermischten Cottage-Cheese (oder schlicht Topfen/Quark) – das lindert das Brennen im Mund sofort.

Hinweis 2: Anstelle von Rotwein und Honig kann auch Met genommen werden, in diesem Fall wird das Gericht aber nicht so schwarz.

HONIGGULASCH

Variante 1:

Sie bereiten ein Rindsgulasch nach Ihrem ganz persönlichen Spezialrezept und rühren vor dem Servieren einen halben bis ganzen TL Honig unter – zugegeben: etwas ungewöhnlich, aber mehr als sehr harmonisch, vor allem, wenn Sie die Zwiebeln mit etwas mehr Essig ablöschen und zusätzlich scharfes Paprikapulver verwenden.

Variante 2:

Sie löschen die Zwiebeln mit der üblichen Menge Essig ab und bereiten das Gulasch wie sonst. In das (fast) fertige Gulaschgericht rühren Sie 1 TL Honig sowie annähernd 100 g mundgerecht geschnittene, frische Ananas unter – nur mehr erwärmen. Beilage muß nicht sein, ev. Spätzle. Seien Sie aber bitte so freundlich, und nennen Sie diese Variante nicht „Gulasch Hawaii".

Variante 3:

Sie erwerben in einer Apotheke eine größere Spritze (10 – 15 cc) mit der Hohlnadel (keine Sorge, man hält Sie deswegen nicht sofort für einen Junkie!).

Zuhause erwärmen Sie 2 TL Honig mit 1/8 l Ananassaft, ziehen das Gemisch mit der Spritze auf und injizieren es in regelmäßigen Abständen rundum alle 3 – 4 cm dem Gulaschfleisch (im Ganzen). Anschließend einige Stunden im Kühlschrank ziehen lassen.

Gulasch bereiten, nur: Ananassaft wirkt als Weichmacher, die Garungszeit verkürzt sich auf ein Viertel.

Aufgrund des unvergleichlichen Geschmacks taucht ein nicht zu unterschätzendes Problem auf: Wenn Sie das Geheimnis nicht preisgeben, wollen Ihre Gäste immer wieder eingeladen werden...

Dazu harmonieren Spätzle oder eine Tarhonya bestens; aber auch Kochbananen sind eine passable Beilage.

... mit Geflügel

HÜHNERBRUST AUF FENCHELGEMÜSE (Bild S. 97)

Hühnerbrüste: *4 Hühnerbrüste ohne Haut • Salz • Pfeffer • 60 g Butterschmalz • 1 EL gehackter Knoblauch • 1 gehackte Schalotte • 1/8 l Hühnersuppe/-brühe • 2 EL Sojasauce • 100 g Ketchup • 1/8 l Paradeis-/Tomatensaft • 3 EL Honig • einige Thymianzweiglein • je 1 frische rote und grüne, kleingehackte Chilischote*
Fenchelgemüse: *100 g kleine Champignons • Butterschmalz • 2 – 3 Fenchelknollen (je nach Größe und Appetit), in Streifen geschnitten • etwas Mehl • 1 in Streifen geschnittene Schalotte • Salz • Pfeffer • Cayennepfeffer • 1/16 l Wermut (trocken!) • 1/8 l Geflügelsuppe/-brühe • 2 geschälte, grobgehackte Fleischparadeiser/-tomaten • 1 EL feingehackte Petersilie*

Backrohr auf ca. 180° C vorheizen.

Hühnerbrüste salzen und pfeffern, allseitig scharf in Butterschmalz anbraten, aus der Pfanne nehmen und beiseite stellen. Im Bratrückstand Knoblauch und Schalotten 2 Min. anbraten, mit Suppe ablöschen. Nun Sojasauce, Ketchup, Paradeissaft, Honig und Thymian dazugeben, zu dickflüssigem Sirup reduzieren, erst zuletzt Chilis dazugeben.

Nun Hühnerfilets einlegen, mit Sauce begießen und zugedeckt im Backrohr ca. 15 Min. garen.

Champignons in Butterschmalz anbraten, herausnehmen. Fenchelstreifen in Mehl wenden, kräftig abschütteln und im selben Schmalz leicht bräunen. Dann kurz Schalottenstreifen mitbraten, Champignons wieder zugeben. Gemüse mit Salz, Pfeffer und Cayennepfeffer würzen, mit Wermut ablöschen und Suppe angießen. Ca. 5 Min. köcheln lassen, die Fenchelstreifen sollten noch bißfest sein. Hitzezufuhr abdrehen, Fleischtomaten sowie Petersilie untermischen und zugedeckt im offenen Backrohr – Hitzezufuhr ebenfalls abgedreht – noch 5 Min. ziehen lassen. Falls Platz ist, können die Hühnerbrüste auch noch im Backrohr verbleiben, ansonst beiseite stellen.

Gemüse auf 4 Teller verteilen, je eine Hühnerbrust daraufsetzen und noch mit etwas Sauce bestreichen.

Dazu harmonieren Petersilien-Erdäpfel/-kartoffel optimal.

APFELHENN’

1 zerteiltes Huhn • 100 – 150 g geriebener Leb- oder Pfefferkuchen (ohne Zuckerglasur) • 1/4 l Weißwein (nicht allzu trocken, kann aber auch ein schöner Amontillado sein) • Honig (Menge nach Geschmack, mehr als ca. 3 EL sollten es nicht sein) • 300 g (süße) Äpfel • 1 große Zwiebel • 1/8 l Wasser • 2 EL Schweineschmalz (!) • Salz • (ev. Schlagobers/Süße Sahne)

Hühnerteile, wie üblich, im Backrohr braten, beiseite stellen. Leb-/Pfefferkuchen mit Weißwein aufkochen, salzen, Honig unterrühren, zugedeckt nur mehr ziehen lassen. Äpfel schälen, Kerngehäuse etc. herausschneiden, Fruchtfleisch direkt in eine Pfanne reiben, Zwiebel dazureiben und Wasser beifügen – auf moderater Hitze so lange köcheln, bis die Flüssigkeit fast verdampf ist (dabei fleißig rühren). Nun Schmalz dazugeben und das Apfel-Zwiebel-Gemenge noch 2 – 3 Min. braten – es darf natürlich nichts anbrennen.

Nun die gequollenen Leb-/Pfefferkuchen-Brösel unterrühren und alles einmal aufkochen – es muß eine sehr, sehr dickflüssige Konsistenz erreicht werden; falls zu dünn: weiter reduzierend kochen; falls zu dick: Schlagobers unterrühren. Zuletzt Würzung kontrollieren, (ev. entbeinte) Hühnerteile einlegen, erwärmen und in vorgewärmter Schüssel servieren.

Eine uralte Methode, Huhn zuzubereiten – trotz seiner sehr rezent anmutenden Exotik wurde dieses Gericht schon vor etwa 300 Jahren an hochnoblen Höfen Deutschlands serviert (die armen Leut' konnten sich Huhn nicht leisten). An der Rezeptur wurde nichts geändert; lediglich die (nicht überlieferten) Quantitäten wurden neu festgelegt. Für die Praxis bedeutet dies, daß das hier vorgestellte Rezept ca. 6 Personen sättigt.

Als Beilage wurde anno dazumal (mit an Sicherheit grenzender Wahrscheinlichkeit) in die Sauce getunktes Brot gereicht. Sollten Sie dieser Aktivität abhold sind, gehen auch Scheiben vom Servietten-Knödel/-Kloß oder Bandnudeln/Fettucini durch.

Hinweis: Eine antihaftbeschichtete Pfanne leistet beim Braten des Apfel-Zwiebel-Gemisches hervorragende Dienste.

Poulardenbrust im Tempura-Teig (Bild S. 99)

2 EL Sojasauce • 2 EL Sesamöl • einige gemahlene Koriandersamen • 1 EL frischer, kleinstgehackter Ingwer • 600 – 700 g Poulardenbrust in Streifen (2 x 2 x 8 – 10 cm) geschnitten • Mehl
Salat: *350 g Stangensellerie • 6 Mandarinen in Spalten • 1 EL mittelscharfer Senf/Mostrich • 4 EL Öl • 1 EL Honig • 2 EL weißer Balsamico-Essig • Salz • Pfeffer • etwas kleingehacktes Selleriegrün • 2 – 3 EL Rindsuppe/-brühe (so gewünscht)*
Tempura-Teig: *125 g Mehl • 3 Eidotter/Eigelb • ca. 1/8 l eiskaltes Wasser • ca. 200 g Butterschmalz*

Sojasauce, Sesamöl, Koriander und Ingwer verrühren; Poulardenstreifen darin einige Stunden marinieren.

Für den Salat Selleriestangen in schräge Scheibchen schneiden, 2 Min. blanchieren, dann kalt abschrecken, abtropfen lassen. Mandarinenspalten auslösen – das Weiße soweit wie möglich entfernen. Aus Senf, Essig, Öl, Honig, Salz und Pfeffer eine Marinade rühren (wer's gerne etwas flüssiger hat: EL-weise Suppe unterrühren). Selleriescheiben einlegen.

Für den Teig Mehl, Eidotter und Wasser gut verrühren (je kälter der Teig, um so knuspriger wird er), die Hälfte davon auf einem flachen Teller verteilen, Poulardenstreifen aus der Marinade nehmen, abtropfen lassen und in Mehl wenden. Abschütteln und in den Teig drücken, danach mit der zweiten Hälfte des Teiges gut bedecken. Sofort in auf ca. 170 – 180° C erhitztem Butterschmalz schwimmend goldbraun backen – einmal wenden (je Seite ca. 3 Min.). Abschließend in Küchenkrepp (oder Handtuch) einschlagen und entfetten.

Währenddessen die Mandarinenspalten in den Salat einheben und diesen mit etwas Selleriegrün bestreuen. Alles zusammen servieren, dazu entweder lauwarmen Sake (Reiswein) oder ein Glas trockenen Sherry reichen und ein freudvolles Halleluja anstimmen.

Die „Tempura" genannte Methode, Fleisch, Gemüse usw. in Backteig zu fritieren, gilt hierzulande als rein japanische Erfindung – ist es aber nicht. Portugiesen brachten Mitte des 16. Jh.s diese Methode nach Japan. Sie wurden bald wieder vertrieben, das Tempura jedoch blieb...

Gänsekeule mit Apfel-Honig-Sauce

Keulen: *4 Gänsekeulen mit Knochen • Butterschmalz • 2 in Achtel gespaltene, rote Zwiebeln • 4 halbierte Knoblauchzehen • 2 geschälte, geviertelte Äpfel • 1/8 l Apfelsaft • 50 g Zucker • Mark einer Vanilleschote • 2 in Spalten geschnittene Äpfel • 2 EL Rosinen*
Marinade: *60 g Honig • 1/2 l Apfelsaft • 1/4 l Weißwein • Gewürznelken • ca. 3 cm Zimtstange • 6 Wacholderbeeren • 6 Pfefferkörner • 2 Lorbeerblätter • 50 ml Apfelessig • Salz*

Für die Marinade Honig erhitzen, mit Apfelsaft und Weißwein angießen, Gewürze (ohne Salz) dazugeben und etwa 10 Min. köcheln lassen. Erst den überkühlten Sud mit Essig abschmecken, dann Gänsekeulen einlegen und über Nacht zugedeckt marinieren.

Backrohr auf 180° C vorheizen. – Keulen aus der Marinade heben und gut abtropfen lassen, Marinade abseihen. Keulen salzen und in Butterschmalz allseitig anbraten, aus der Pfanne heben, beiseite stellen. In selber Pfanne Zwiebelstücke, Knoblauch und die geviertelten Äpfel anbraten und mit etwas Marinade ablöschen. Nun Keulen wieder einlegen und alles zusammen im Rohr ca. 1 Std. bei 170° C braten, hin und wieder mit Sud begießen.

Während die Keulen im Rohr braten, Apfelsaft mit Zucker und Vanillemark zu Sirup einkochen, Apfelspalten einlegen und zugedeckt abkühlen lassen.

Fertige Keulen aus dem Rohr nehmen und warm stellen, gesamten Bratrückstand passieren. Nun in diesen die (nicht abgetropften) Apfelspalten sowie die Rosinen einlegen, nötigenfalls noch einmal erwärmen und mit den Gänsekeulen servieren.

Als Beilagen schlage ich kleine Grießknödel/-klöße mit eingearbeiteten, grobgehackten Walnüssen und/oder kleine, lediglich mit einer Spur Honig gesüßte Topfenknödel/-klöße vor.

... mit Gemüse

Überbackene Kürbisschnecken (Bild S. 102)

Nudelteig: *200 g Weizenmehl, glatt • 50 g Weizengrieß • 2 EL Olivenöl • etwas Salz • 7 Eidotter/Eigelb • 2 EL warmes Wasser*
Fülle: *2 EL kleingewürfelte Schalotten • 1 – 2 gepreßte Knoblauchzehen • 2 EL Öl • 400 g grobgeraffeltes Kürbisfleisch • 1 – 2 EL Honig • 1 – 2 EL Balsamico-Essig • Salz • Pfeffer • gemahlener Kümmel • 1/8 l Schlagobers/Süße Sahne*
Vollendung: *1/16 l Rindsuppe • 1/16 l Schlagobers/Süße Sahne • etwas Chilipulver • 80 g geriebener Emmentaler • Butter • 1 EL gehackte Petersilie*

Die unter „Nudelteig" angegebenen Zutaten zu einem eher festen, glatten, geschmeidigen Teig kneten, mit Klarsichtfolie abdecken, 1 Std. rasten lassen.

Währenddessen Schalotten und Knoblauch im erhitzten Öl anschwitzen, dann das Kürbisfleisch dazugeben und ca. 10 Min. dünsten lassen, zuletzt Deckel entfernen – das Gemüse sollte nicht allzu saftig sein! Dann Honig, Essig, Gewürze und Schlagobers untermischen. So lange köcheln lassen, bis eine homogene, dickcremige Masse entsteht – mehrmals kräftig umrühren.

Nun das Backrohr auf ca. 180° C vorheizen. Nudelteig zu einer messerrückendikken, rechteckigen Platte auswalken und zur Gänze mit der noch heißen Kürbismasse bestreichen. Teigplatte von der Breitseite her fest einrollen – spätestens jetzt wissen Sie, weshalb die Fülle nicht zu saftig sein sollte –, und die Rolle in ca. 5 – 6 cm breite Stücke teilen. Diese nun in eine gebutterte Auflaufform stellen.

Suppe mit Schlagobers aufkochen, mit Chili und Salz würzen und über die Schnecken gießen, mit geriebenem Emmentaler bestreuen und ca. 30 Min. im Rohr backen (nötigenfalls Suppe / Schlagobers nachgießen). Vor dem Servieren mit Petersilie bestreuen.

Diese Köstlichkeit eignet sich als (vegetarische) Hauptspeise (mit kräftigen Blattsalaten) ebenso wie etwa als opulente Beilage zu Wildschweinbraten oder zu Linseneintopf.

Süsse Zwiebelpizza

Pizzateig: *500 g Mehl • 1 Würfel Frischgerm/-hefe • 1 TL Salz • 3 EL Olivenöl • etwa 1/4 l handwarmes Wasser*
Belag: *ca. 500 g in Scheiben geschnittene Zwiebeln • 1 EL Butter • 1 – 2 EL milder Honig*

Germ in Wasser auflösen. Mehl in Schüssel sieben, Salz, Öl und aufgelöste Germ samt Wasser dazugeben, alles verkneten, bis ein glatter Teig entsteht. Diesen zugedeckt an einem warmen Ort auf doppeltes Volumen gehen lassen – ca. 1 – 1 1/2 Std. Währenddessen Zwiebeln in Butter weich dünsten (ca. 30 Min.), zuletzt den Honig unterrühren, erkalten lassen.

Aufgegangenen Pizzateig noch einmal fest durchkneten und auf bemehlter Arbeitsfläche ca. kleinfingerdick ausrollen. Anschließend in eine gefettete Form (oder einfach auf das Backblech) geben. Zwiebel-Honig-Gemisch gleichmäßig darauf verteilen, noch einmal zugedeckt ca. 15 Min gehen lassen. Dann im vorgeheizten Backrohr bei ca. 220° C 15 – 20 Min. backen. Schmeckt einfach köstlich!

Wer Schärferes verträgt, mische unter das Zwiebel-Honig-Gemisch noch einige kleingehackte getrocknete oder einige ganze frische Chili-Schoten.

Italienische Imkerpfanne

2 rote, in grobe Stücke geteilte Paprikaschoten • 1 halbierte, dann der Länge nach geviertelte Melanzani • 2 gekochte, in Scheiben geschnittene Erdäpfel/Kartoffeln • 8 ganze Schalotten • 1 feingehackte Knoblauchzehe • 1 ganzer frischer Pfefferoni/Peperoni (entkernt, so gewünscht) • (viel) Olivenöl • 1/8 l Gemüsesuppe/-brühe • 3 – 4 EL Kräuteressig • mindestens 2 EL Honig • 1 Thymianzweig • 1 EL Kapern • Salz • Pfeffer • 1 mittelgroße, geschälte, in knapp 1 cm dicke Scheiben geschnittene Sellerieknolle • Mehl • 1 verquirltes Ei • 150 g grobgehobelter Parmesan • 50 g grobgehackte Walnüsse

Gemüse (mit Ausnahme der Selleriescheiben) in erhitztem Öl ca. 4 Min. braten, dann Suppe, Kräuteressig, Honig, Thymian und Kapern dazugeben – zugedeckt ca. 10 Min. köcheln lassen, dann mit Salz und etwas Pfeffer abschmecken und 1 Std. abseits der Feuerstelle ziehen lassen.

In neuer Pfanne Öl erhitzen, Selleriescheiben salzen, in Mehl wenden, abschütteln, durchs verquirlte Ei ziehen und in Parmesan wenden. Im heißen Öl beidseitig goldbraun backen (insgesamt ca. 6 Min.).

Nun Gemüse erwärmen, ohne Flüssigkeit (falls überhaupt noch vorhanden) anrichten, mit Walnüssen und dem restlichen Parmesan bestreuen. Gebackene Selleriescheiben rundherum legen.

Dieses Traditionsgericht kann seine Verwandtschaft zu einer nizzaischen Ratatouille nicht verleugnen. In ihrer Urform ließ man das gebratene Gemüse (inkl. Melanzani) am nur leicht erwärmten Herdrand (oder schlicht in der heißen Sonne des Südens) mehrere Stunden ziehen und strich (!) sich das butterweiche Gemüse aufs Weißbrot.

Karottenpuffer & Co.

750 g feingeriebene Karotten/Mohrrüben • 1 kleine geriebene Zwiebel (so gewünscht) • Salz • 2 verquirlte Eier • 1 EL (nicht zu geschmacksintensiver) Honig • 1 – 2 EL Sauerrahm oder Schlagobers/Süße Sahne • Mehl/Semmelbrösel/Paniermehl (bezüglich Menge s. unten) • Öl

Karotten ausdrücken oder abtropfen lassen (Zwiebel dazumischen), dann mit den Eiern, dem Honig, Sauerrahm und Mehl gut mischen.

Nun hängt alles von der Konsistenz der Masse ab: Ist sie breiig, wird sie löffelweise ins Öl gegeben (Masse läuft dann auseinander), schwimmend auf relativ großer Flamme gebacken und darf mit Fug und Recht als Karottenpuffer benannt werden.

Je fester die Masse ist (mehr Brösel/Paniermehl/Mehl, besser abgetropft), um so weniger Öl benötigen Sie, desto langsamer sollte der Backvorgang vor sich gehen. Wir sprechen dann von „Karottenlaibchen/-frikadellen“ und bei sehr festen Massen von „Karottenschnitzeln“ (diese können auch noch in Mehl gewendet bzw. überhaupt wie Wiener Schnitzel paniert werden).

Gleichgültig, wie Sie es anstellen – mit Honig gesüßte Karottenpuffer/-laibchen/-schnitzel sind ein echter Gewinn! Vor allem, wenn sie mit Erdäpfel-/Kartoffelpüree und/oder Blattsalaten serviert werden.

Und da es nicht immer nur Schwein allein sein muß, können Nichtvegetarier diese Form von Karotten auch gemeinsam mit den üblichen faschierten Laibchen/Buletten/Frikadellen servieren. In diesem Fall lauwarmen Krautsalat reichen.

... mit sonstigem

Thunfischcarpaccio mit Thunfischtatar

Tatar: *200 g roher Thunfisch • 1 kleinstgewürfelte Schalotte • kleinstgeschnittene Schale (unbehandelt) und Saft einer halben Limette • 1 EL grobgehackte Petersilie • 3 EL (bestes) Olivenöl • 1 EL Sojasauce • Salz • Pfeffer*
Thymian-Vinaigrette: *1 kleinstgewürfelte Schalotte • 1 kleinstgewürfelte Knoblauchzehe (nicht gepreßt!) • 1 EL Honig • 3 Zweiglein frischer Thymian • 3 EL weißer Balsamico-Essig • 1/2 TL Senf/Mostrich • 4 EL Olivenöl • Salz • Pfeffer*
Carpaccio: *400 g rohes Thunfischfilet im Ganzen • 1 EL grobgehackte Petersilie • 1 EL kleingeschnittener Schnittlauch • 4 EL (bestes) Olivenöl • 4 Cocktail-Paradeiser/Tomaten • Blattsalat(e) Ihrer Wahl • Salz • Pfeffer*

Für das Tatar den Thunfisch in kleine Stücke schneiden und in eine Schüssel geben. Limettenschale und -saft, Schalotte, Petersilie, Sojasauce, Salz, Pfeffer und Olivenöl fein vermengen, über die Fischstücke gießen, vorsichtig mischen, beiseite stellen.

Für die Vinaigrette den Honig erwärmen, Schalotte und Knoblauch darin glasieren, Thymianzweiglein dazugeben und mit Essig ablöschen, salzen, pfeffern. Senf glatt einrühren, 10 Min. auf kleinster Hitze ziehen lassen. Dann Thymianzweiglein entfernen

und in die nur leicht überkühlte Masse Olivenöl in dünnem Strahl einrühren, bis die Vinaigrette sämig wird. Erst jetzt gänzlich auskühlen lassen.

Für das Carpaccio den Thunfisch – scharfes Messer vorausgesetzt – in 12 dünne Scheiben schneiden (wenn Sie das Thunfischfleisch zuvor ca. 1/2 Std. ins Tiefkühlfach legen, geht's besser). Nun die halbe Menge Petersilie und Schnittlauch sowie 2 EL Olivenöl, Salz und Pfeffer auf eine Klarsichtfolie verteilen; die Thunfischscheiben nicht zu dicht nebeneinander darauflegen, danach mit den restlichen Gewürzen bestreuen und mit Olivenöl beträufeln. Filets mit weiterer Klarsichtfolie abdecken und mit den Handballen vorsichtig noch dünner drücken.

Sofort auf Servierteller verteilen, mit ausgestochenen Nocken vom Thunfischtatar besetzen und mit den halbierten Tomaten und Blattsalaten garnieren. Erst zuletzt mit der Vinaigrette beträufeln.

Gemeinsam mit türkischem Fladenbrot eine wunderbare Hauptspeise an lauen Sommerabenden, dazu einen Riesling. Vorher einen Rakı oder auch Ouzo mit Pistazien-Honig-Grissini (s. Rezept S. 80).

Separat gereicht, ergeben Tatar wie Carpaccio – jeweils mit Blattsalaten – eine veritable Vorspeise.

Kaninchen mit Sauschwaferln/ Schweineschwänzchen

Ca. 5 Sauschwaferln/Schweineschwänzchen (gemeinsam sollten sie ca. das gleiche Gewicht wie das Kaninchen aufweisen, entweder ganz belassen oder max. vierteln) • schwarze Pfefferkörner • 1 Lorbeerblatt • 150 g durchzogener, in gröbere Würfel geschnittener Speck • einige kleine Zwiebeln (ev. Schalotten) im Ganzen • 1 zerlegtes Kaninchen (macht der Verkäufer) • 2 EL Mehl • 1 – 2 EL Honig-Mandel-Senf/Mostrich (s. Rezept S. 60) • 1/2 l Hühnersuppe/-brühe • 2 EL fettreiches Joghurt (oder Schlagobers/Süße Sahne) • Salz • Pfeffer

Sauschwaferln in Salzwasser mit Pfefferkörnern und Lorbeerblatt ca. 1 Std. köcheln lassen. Herausnehmen, beiseite stellen.

Speckwürfel und Zwiebeln in Pfanne so lange rösten, bis der Speck schön kroß ist. Herausnehmen und beiseite stellen. Im verbliebenen Fett die gesalzenen und gepfefferten Kaninchenteile allseitig anbraten, herausnehmen, beiseite stellen. Nun im verbliebenen Fett auf etwas reduzierter Flamme das Mehl in 3 – 4 Min. licht rösten. Zuletzt den Honig-Mandel-Senf max. 1 Min. mitrösten, dann langsam mit Suppe aufgießen und fest mit dem Schneebesen rühren. Die glattgerührte Sauce einmal aufkochen, salzen, pfeffern und ca. 10 Min. leicht vor sich hinwallen lassen. Hin und wieder umrühren.

In die schon deutlich sämige Sauce Sauschwaferln, Kaninchenteile, Speck und Zwiebeln einlegen und auf sehr kleiner Hitze zugedeckt ca. 1 Std. simmern lassen (oder – besser – im Backrohr bei ca. 150° C mehrere Stunden ziehen lassen).

Die weichgegarten Sauschwaferln, Kaninchenteile sowie Zwiebeln aus der Sauce nehmen und auf Serviertellern anrichten. Joghurt in Sauce einrühren, nur mehr erwärmen, abschmecken und über das angerichtete Fleisch gießen.

Hinweis: Die Sauce sollte sehr dick sein. Aufgrund der Gelierfähigkeit der Sauschwaferln wird sie es auch sein – nötigenfalls 1 TL Stärkemehl mit etwas Wasser glatt anrühren und unter das Joghurt mischen, dann Sauce einmal aufkochen.

Das Originalrezept stammt aus England und verwendet handelsüblichen Senf/Mostrich, Honig-Mandel-Senf ist jedoch ein eindeutiger Gewinn!

Als Beilage empfiehlt sich in Scheiben geschnittener Plumpudding (s. Rezept S. 81), in diesem Fall jedoch beim Plumpudding den Honig weglassen – oder Sie belassen ihn und bereiten diese Komposition mit einem handelsüblichen (scharfen) Senf/Mostrich, ganz nach Belieben.

Osterlamm mit Honigspargel

Osterlamm: *1 ausgelöste Lammkeule • Salz • Pfeffer • Öl • 2 Knoblauchzehen • 4 Schalotten • einige frische Thymian- und Rosmarinzweiglein • 1/4 l Suppe/Brühe • 2 EL Sojasauce*
Honigspargel: *700 g grüner Spargel • 1 EL Butter • 2 EL Olivenöl • 1 TL Honig • 2 in Röllchen geschnittene Frühlingszwiebeln • geriebene Muskatnuß • 1 EL Zitronensaft*

Lammkeule ev. mit Küchengarn zusammenbinden, das erleichtert das abschließende Tranchieren. Keule mit Salz und Pfeffer einreiben, allseitig in heißem Öl anbraten, Knoblauch, Schalotten, Thymian- und Rosmarinzweiglein dazugeben und im vorgeheizten Rohr (200° C) unter mehrmaligem Begießen mit Bratensaft (falls zu wenig vorhanden, löffelweise mit Suppe aufgießen) ca. 1 Std. bei fallender Hitze garen; nach halber Zeit Keule wenden. Sie ist durch, wenn nach Nadelstich rosa Saft austritt. Dann Braten fest in Alu-Folie einschlagen und etwa 10 Min. rasten lassen (nicht im heißen Backrohr!).

Bratensaft kurz rösten, mit Suppe und Sojasauce aufgießen, aufkochen und auf gewünschte Stärke reduzieren. Spargel nötigenfalls schälen, dann in ca. 2 – 3 cm lange Stücke teilen. Die Köpfe in Salzwasser kernig weich ziehen lassen, beiseite stellen, warm halten. Butter, Öl, Honig im Töpfchen erwärmen, Spargelstiele darin unter ständigem Rühren in ca. 5 Minuten garen und glasieren, dann die Frühlingszwiebeln dazugeben und noch ca. 2 Min. weiter garen – die Zwiebeln sollten noch knackig sein.

Braten in Scheiben schneiden, Sauce darüberseihen, Honig-Spargel rundherum schön verteilen, Köpfe extra legen.

Als weitere Beilage eignen sich Brat- wie Salzerdäpfel/-kartoffeln.

Hinweis: Wenn Sie nur getrockneten Thymian und Rosmarin zur Hand haben, Keule damit einreiben und mehrere Stunden ziehen lassen. Erst dann salzen und pfeffern!

SÜSS-SAURER HONIGPILZ

Lediglich aufgrund der Farbe seines Hutes wird der Hallimasch *(Armillaria mellea)* als Honigpilz bezeichnet – daß eine Gabe Honig seinem Eigengeschmack aber sehr zum Wohle gereicht, sehen wir nun.

Ca. 1 kg Hallimasch-Hüte (Stengel wegwerfen) • 1/4 l Wasser • 1 kleine, feingehackte weiße Zwiebel • 1 TL Butter • 1/8 l Rotweinessig • 1/4 l Suppe (am besten Kalbsknochensuppe) • Salz • viel Weißer Pfeffer (oder 1 scharfe Chili-Schote) • 2 TL Honig (kann ohneweiters ein kräftiger Waldhonig sein) • 1/8 l Schlagobers/Süße Sahne • 1 TL Stärkemehl oder ein Stück Mehlbutter • grobgehackte Petersilie

Pilzhüte 2 Min. blanchieren, Wasser wegschütten, Pilze gut abbrausen und erneut in Wasser zustellen, 20 Min. köcheln lassen – aufgrund des allgemeinen Wasserreichtums von Pilzen nicht zu viel Wasser nehmen, nötigenfalls heißes (!) Wasser nachgießen.

Währenddessen Zwiebel in heißer Butter glasig werden lassen, dann mit Essig ablöschen und mit Suppe aufgießen. Gewürze und Honig dazugeben – ca. 10 Min. köcheln lassen.

Zuletzt die Sauce binden: entweder Mehlbutter einrühren oder Schlagobers klumpenfrei mit Stärkemehl verquirlen und durch ein feines Sieb in die Sauce gießen. In beiden Fällen noch ca. 5 Min. weiterköcheln lassen.

Dann die garen Pilze abseihen (es sollte nicht mehr allzuviel Flüssigkeit vorhanden sein), in die süßsaure Sauce geben und einmal aufwallen lassen. Abschmecken – ein-

deutiges Süßsauer muß erreicht werden – (Chili-Schote herausholen), mit Petersilie bestreuen und sofort mit Scheiben vom Serviettenknödel/-kloß (oder Plumpudding, s. Rezept S. 81) servieren.

Wenn Sie dieses Gericht als Vorspeise servieren möchten, dann nicht oder nur mäßig binden – „Süßsaure Honigpilz-Suppe“ – und ev. kleine Semmelbröselknödelchen/-klößchen als Einlage geben.

Hinweise: Roh genossen, ist der Honigpilz giftig – deshalb unbedingt mindestens 20 Min. kochen lassen (aber auch nicht länger als 30 Min.)!

Beim Kochen zieht der Honigpilz schleimige (nicht giftige!) Fäden – deshalb vorher blanchieren!

Honigpilze, die von vermodernden Holzstümpfen gesammelt wurden, färben die Sauce schwarz – für diejenigen, die es gerne etwas außergewöhnlicher haben wollen. In diesem Fall Knödel mit etwas Kurkuma/Gelbwurz färben – ein schöner Effekt!

Pilzgerichte nie in gußeisernen Töpfen/Pfannen zubereiten – keramische oder solche aus Edelstahl sind bestens geeignet.

Kaninchenrücken im Reisnudelmantel (Bild S. 110)

2 – 3 ganze Kaninchenrücken (je nach Größe insgesamt ca. 1,5 kg) • 1 Bund Suppengemüse • Salz • 2 geschälte, der Länge nach in hauchfeine Streifen geschnittene Zucchini • 1 Eiklar/Eiweiß, nur ganz leicht aufgeschlagen • 160 g dünne Reisnudeln • Erdnußöl • 2 Eidotter/Eigelb
Marinade: *4 EL Sojasauce • 1 EL Honig • 2 EL trockener Sherry • 2 EL Pflaumenwein • 2 EL Erdnußöl • 1 EL Essig • 1 – 2 EL Orangensaft*

Kaninchenrücken auslösen und quer in 8 (bzw. 12) Teile schneiden, Knochen klein hacken – diese Arbeiten erledigt gewiß auch Ihr Fleischer.

Alle unter „Marinade“ angeführten Zutaten aufkochen, danach wieder abkühlen lassen. Kaninchenrücken darin 1 Std. ziehen lassen.

Währenddessen aus den Kaninchenknochen und dem Suppengemüse langsam einen hellen Fond kochen (ca. 1/8 l genügt) – in kaltem Wasser zustellen, langsam aufkochen, dann ca. 30 Min. nur leicht köcheln lassen. Abschließend durchseihen, warm halten. Gleichzeitig für die Sauce ein Wasserbad bereiten.

Kaninchenfleisch aus der Marinade heben, diese nur nachlässig abstreifen (und aufheben). Fleisch verhalten salzen und in wenig Öl kurz – vielleicht 1 Min. – braten, herausheben, warm halten. Gesamte übriggebliebene Marinade und 2 – 3 EL des Knochen-Fonds im Bratrückstand des Kaninchenfleisches erwärmen, 2 Eidotter einrühren und die Masse über Dampf zu luftigem Schaum schlagen. Wenn dieser fest zu werden beginnt, Rückenteile schnell mit den Zucchini-Streifen umwickeln, durchs Eiklar ziehen und in den nur grob zerdrückten Reisnudeln wälzen. Sofort bei mäßiger Hitze (nicht höher als ca. 150° C!) beidseitig wie Schnitzel backen, je Seite ca. 2 Min. – die Reisnudeln dürfen nur im Anflug gebräunt sein.

Sofort anrichten, Kaninchen-Schaum deutlich abgegrenzt auf die Teller setzen – der jeweils aufgegabelte Kaninchenhappen wird nur lässig durch den Schaum gezogen, bevor er den Gaumen erfreut.

Zugegebenermaßen eine etwas aufwendige Angelegenheit, die auch einiger Organisation bedarf (am besten, Sie arbeiten zu zweit). Doch das Ergebnis rechtfertigt die Mühen – eine überaus grandiose Vermählung von herzhafter Knusprigkeit und Leichtigkeit des Seins, vom Geschmackserlebnis ganz zu schweigen!

Als Beilage empfehlen sich z.B. „Kleine Gemüsestrudel" (s. Rezept S. 72) oder nur in Butter gedünstete Gemüse.

Erweiterte Mohnnudeln

Erdäpfel-/Kartoffelteig: *650 g mehlige Erdäpfel, geschält, in gleichmäßige, eher kleine Stücke geteilt • ca. 200 g Mehl • 50 g Butter • 1 Ei • Salz • 70 Magertopfen/-quark (falls nicht schon geschehen, passieren)*
Fertigstellung: *200 g Mohn, gerieben • 70 g Honig • 30 g Butter*

Hinweis: Die Mehlmenge ist abhängig vom Stärkegehalt der Erdäpfel – je jünger diese sind, um so geringer der Stärkeanteil, um so weniger Mehl muß zum Binden der Masse genommen werden.

Erdäpfel in Salzwasser kernig weich kochen, abseihen, im heißen Backrohr gänzlich ausdampfen lassen. Die unbedingt (!) noch heißen Erdäpfel passieren (Passiersieb, Flotte Lotte, Erdäpfelpresse), dann erkalten lassen.

Die erkaltete Erdäpfelmasse rasch (!) mit Mehl, Butter, Ei, etwas Salz und dem Topfen zu einem relativ festen, jedoch geschmeidigen glatten Teig verarbeiten. Dann die Teigkugel kurz rasten lassen

Auf bemehlter Arbeitsfläche Scheiben von der Teigkugel abschneiden, zu einer ca. 2 cm dicken Rolle formen und in 2 bis 3 cm lange Stücke teilen. Diese zwischen den flachen Händen zu sogenannten „Schupfnudeln" wuzeln/formen (in der Mitte etwas bauchig, an den Enden spitz auslaufend). Knapp 10 Min. in siedendem Salzwasser garen.

Währenddessen den Mohn in einer flachen Pfanne in der Butter kurz rösten, zuletzt den Honig beifügen.

Fertige Nudeln abseihen, kurz spülen und in der Mohn-Honig-Masse wälzen. Nochmals gut erhitzen, sofort servieren, ev. mit Staub-/Puderzucker bestreuen.

Hinweis: Anstelle von Mohn können auch gemahlene Nüsse genommen werden.

Mohnnudeln wanderten mit dem Dienstpersonal der Monarchie aus Böhmen / Mähren nach Österreich (allerdings ohne Topfenbeigabe!). Als Alltagskost konnten sie sich nur im nördlichen Niederösterreich durchsetzen (nach wie vor hauptsächliches Mohn- wie Erdäpfelanbaugebiet). Im restlichen Österreich galten/gelten sie als Festtagsschmaus und wurden in erster Linie am Heiligen Abend gegessen. Daß sie dabei gar manchen Veränderungen unterworfen wurden, beweist das nächste Rezept.

Kärntner Mohnnudeln

Nudelteig: *650 g Mehl • Salz • 1 – 2 Eier (je nach Größe) • ca. 1 EL Öl*
Fülle: *250 g grober, sehr trockener Topfen/Quark • 250 g Mohn (gerieben, besser im Mörser zerstoßen) • ca. 100 g Semmelbrösel/Paniermehl • 1 Ei • 2 TL grobgehackte Zitronenmelisse (kann aber ruhig etwas mehr sein) • ev. etwas Zimt • 2 EL Honig • Butter*

Aus den unter „Nudelteig" angeführten Zutaten einen glatten, nicht allzu festen Teig kneten. 1 Std. zugedeckt rasten lassen.

Währenddessen Topfen mit Bröseln, Ei, Gewürzen und Honig gut vermengen. Abschließend den Mohn nur grob unterziehen – die Farben Schwarz und Weiß sollten sich deutlich voneinander abgrenzen. Auch darf die Fülle nicht zu naß sein, lediglich saftig. Falls zu feucht, mit Mehl „trocknen".

Teig knapp 2 mm dick auswalken (dabei die Arbeitsfläche nicht mit allzuviel Mehl bestauben). Nun kreisrunde Flecken – je nachdem, ob Sie die Ober- oder Unterkärntner Variante bevorzugen – entweder größer (bis zu 15 cm Durchmesser) oder kleiner (max. 10 cm) ausstechen/-schneiden. In die Mitte einen Klacks Fülle geben (Menge abhängig von der Teigfleckengröße). Teigflecken zu Halbmonden falten, Ränder fest zusammendrücken (ev. der besseren Haftung wegen vorher mit verschlagenem Ei bestreichen).

Fertige Nudeln in siedendem Salzwasser ca. 15 Min. mehr ziehen als köcheln lassen. Abseihen, mit gebräunter Butter beträufeln und sofort servieren (ev. mit Zimtzucker bestreuen).

... vom Grill

Rippchen und Bauchfleisch, amerikanisch gegrillt

4 Schnitten vom Bauchfleisch/Schweinebauch • 1 kg fleischige Rippchen (vom Schwein), in 4 Portionen geteilt • 4 gepreßte / kleingeschnittene Knoblauchzehen • 1 TL Kümmel, ganz • Salz • gemahlener Pfeffer • 1 EL Honig

Rippchen und Bauchfleischschnitten salzen und pfeffern, Schweinebauchschnitten zusätzlich kräftig bekümmeln und mit Knoblauch einreiben. Alle Fleischstücke mit Honig bestreichen und über mäßig heißer Glut grillen (die Rippchen benötigen etwas mehr Zeit).

Die Verwendung von Alu-Grilltassen ist in diesem Fall höchst empfehlenswert; diese relativ fettreichen Teile des Schweines liefern einen überaus würzigen Bratensaft – mit diesem wird das Grillgut laufend bestrichen; so bleibt es schön saftig.

Als Beilage für diese rustikalen Köstlichkeiten empfehlen sich gegrillte Zwiebelhälften, ein lauwarmer Krautsalat, gutes Weißbrot sowie – unbedingt! – ein Glas kühles Bier. Wer es allerdings absolut amerikanisch will, serviere gegrillte Maiskolben und „Grilled Beans“ (s. Rezept S. 72).

Honigschinken

Ca. 1,5 kg gekochter Schinken im Ganzen • 10 – 15 Gewürznelken
Marinade: *Tabasco-Sauce (Menge nach Belieben) • 2 EL grob zerdrückte schwarze Pfefferkörner • 5 EL Honig • 1 cl Cognac (Weinbrand)*

Alle unter „Marinade“ angegebenen Zutaten gut vermischen.

Schwarte und Fett des Schinkens einige Male lediglich einige Millimeter tief einschneiden und mit den Gewürznelken bestecken. Gesamten Schinken mit einem Teil der Marinade bestreichen, auf den Drehspieß geben, fixieren und ca. 50 Min. unter ständigem Drehen grillen; immer wieder gleichmäßig mit Marinade bestreichen. Fertigen Braten in Alu-Folie einschlagen und ca. 10 Min. rasten lassen.

Beilage: Folien-Erdäpfel/-kartoffeln, gegrillte Ananasscheiben, selbstverständlich Salate.

Das Grillen am Drehspieß erfordert nicht nur eine geeignete Vorrichtung (elektrisch oder händisch), sondern auch eine gewisse Erfahrung. Hier einige Tips: Grillgut immer in der Mitte des Spießes fixieren (beim Kauf des Gerätes darauf achten, daß Fixierklammern vorhanden sind). Von Beginn an mehr Holzkohle als gewohnt nehmen, wenn ca. 2/3 davon glühen, mit dem Grillen beginnen. Bräunungsgrad des Bratens unablässig kontrollieren, ev. Unterschiedlichkeiten durch Anhalten der Drehung ausgleichen. Um ein Zuführen von Frischluft (blasen, fächern, wedeln usw.) werden Sie nicht umhin können.

Hinweis: Gegrillter Honigschinken kann auch von rohem Schinken bereitet werden – in diesem Fall verdoppelt sich die Grillzeit.

Gegrillte Steaks mit buntem Gemüse

4 Scheiben Lungenbraten (Filetsteaks), ca. 2 cm dick
Marinade: *1/8 l Bier • 1 TL Honig • 1 EL Öl • (nicht zu viel) Gewürzpaprika*
Gemüse: *2 Maiskolben • jeweils 2 gelbe wie rote Paprikaschoten (der Länge nach geviertelt) • 2 Zucchini (schräg in etwa 5 mm dicke Scheiben geschnitten) • 8 Champignons im Ganzen • Salz • Pfeffer • frischer, kleingehackter Rosmarin • Knoblauchbutter*

Die unter „Marinade“ angeführten Zutaten gut verrühren.

Maiskolben (ohne Kraut) weich kochen, anschließend mit der Marinade bestreichen, Fleischstücke ebenfalls, ca. 1 – 2 Std. ziehen lassen, zwischenzeitlich den Grill vorbereiten. Marinierte Maiskolben und Fleisch abtupfen, auf den Rost legen und beidseitig ca. 8 – 10 Min. grillen.

Zucchini und Champignons naturbelassen grillen. Damit diese gleichzeitig mit dem

Fleisch fertig sind, entweder auf eine geölte Alu-Folie geben oder erst später auf den Rost legen (sie benötigen ca. die halbe Zeit).

Alles erst am Teller salzen und pfeffern, Zucchini und Pilze ein wenig mit Rosmarin bestreuen, Steaks mit einer leichten Knoblauchbutter besetzen.

HONIG, EINFACH SÜSS

DATTELN IN LAVENDELHONIG

1 Bund Lavendelgrün (wenn möglich, vor der Blüte geerntet) • 1/16 l Wasser • 4 EL Honig • 4 EL Orangenlikör • 2 EL Zitronensaft • 8 EL Crème fraîche • 24 frische oder kandierte, halbierte, entkernte Datteln (frische müssen auch geschält werden)

Lavendelgrün mit heißem Wasser aufgießen, 20 Min. ziehen lassen, dann abseihen, kalt stellen. Honig mit Likör, Zitronensaft, Crème fraîche und dem Lavendelwasser vermischen. Die schön angerichteten Datteln damit beträufeln. Mit etwas rohem Lavendelgrün garnieren.

Wie bereits im Kapitel „Vom Honig / Geschichtliches“ beschrieben, war Honig im antiken Griechenland nicht nur Quelle der Weisheit, sondern auch der Dichtkunst. Vom Lavendel sagte J. T. Tabernaemontanus (Botaniker, 16. Jh.), daß er „die Zunge wieder zu Kräften mit der Sprach'“ bringe. Wer jetzt noch ein Glas Met dazu trinkt, kann nur ein neuer Goethe werden (symbolträchtige Details zum Met s. Kapitel „Honig, flüssig“).

Melonenmus (Bild links)

1 Zuckermelone (am besten eisgekühlt) • 4 EL Honig • 1/8 l Portwein (rot)

Melone halbieren, Kerne usw. entfernen. Für die abschließende Dekoration aus dem Fruchtfleisch Kugeln, Fächer u. dgl. schneiden / stechen.

Restliches Melonenfleisch mit dem Honig und Portwein im Cutter fein pürieren und in die (gekühlten) Gläser füllen. Rasch Dekoration anbringen – servieren!

Fritiertes Bananenpüree

2 vollreife, geschälte und zerquetschte Bananen • 1/2 TL Backpulver • 3 – 4 EL Mehl • 2 EL Honig • 1/4 TL gemahlene Kardamomsamen • Milch • Butterschmalz oder Öl • Zitronensaft

Bananen mit Backpulver, Mehl, Honig und Kardamom gut vermischen. Mit Milch aufschlagen, bis ein zäher Teig / Püree entsteht. Teig eßlöffelweise ausstechen und in wenig Fett beidseitig braten, entfetten, dann mit einigen Tropfen Zitronensaft beträufeln.

Dieses aus Indien stammende Gericht wird einerseits als Süßspeise genossen (zusätzlich noch mit Honig bestreichen), andererseits ist es auch eine beliebte Beilage zu gegrilltem Fleisch bzw. Gemüse; paßt aber auch herrlich zu Geselchtem / Geräuchertem.

Haselnuss-Honig-Eis

1 l Schlagobers/Süße Sahne • 200 g geriebene Haselnüsse • 200 g Staub-/Puderzucker • 200 g Honig • 10 Eidotter/Eigelb

Schlagobers mit Haselnüssen und Honig aufkochen – dabei fleißig rühren –, zugedeckt auskühlen lassen. Erst den ausgekühlten Schlagobers kräftig durch ein feines Sieb pressen.

Eidotter in größerem Topf mit Zucker schaumig schlagen, aromatisierten Schlagobers nach und nach dazuschlagen, gesamte Masse auf kleiner Flamme unter fortwährendem Rühren auf max. 70° C erwärmen (das dauert!) – diese Temperatur ist spätestens dann erreicht, wenn die Masse Blasen zu werfen beginnt.

Nun sofort den Topf in ein eiskaltes Wasserbad stellen und die Masse kalt rühren. Ca. eine Stunde vor Gebrauch die Creme in das Tiefkühlfach stellen. Nach 30 – 40 Min. herausnehmen, wieder so kräftig wie möglich mit dem Schneebesen schlagen – erst durch die eingeschlagene Luft wird das Eis so richtig cremig, luftig. Wenn Sie nicht mehr schlagen können, Eis noch einmal für ca. 10 Min. in den Tiefkühler stellen. Erst dann servieren.

Zugegeben: etwas aufwendig, doch der Erfolg rechtfertigt das kräfteraubende Rühren und Schlagen.

Opferbananen

Dieses südindische Gericht stellt – obwohl unabhängig von dem auf S. 119 genannten entstanden – eine unglaublich anmutende Überhöhung des „Fritierten Bananenpürees" dar. Kein Wunder: Opferbananen sind nicht nur ein delikates Dessert, sondern auch die Lieblingsspeise des elefantenköpfigen Gottes Ganesha – zuständig für Schreibkunst und Weisheit.

500 g Honig • 1 – 2 EL Wasser • 1/2 kg Reismehl • 150 g Kokosflocken • 2 vollreife, geschälte, zerquetschte Bananen • Butterschmalz

Honig mit Wasser erwärmen, Reismehl und Kokosflocken einrühren, Bananen und 2 EL Butterschmalz ebenfalls. 15 Min. rasten lassen, dann eßlöffelweise in Butterschmalz braten.

Gebackene Mäuse

15 g Frischgerm/-hefe • 1/8 l Schlagobers/Süße Sahne, handwarm • 300 g Mehl • Salz • 40 g Butter • 1 Ei • 2 Eidotter/Eigelb • 100 g Honig • 4 cl Rum • Vanillezucker • ein klein wenig abgeriebene Zitronenschale (unbehandelt) • Butterschmalz (früher Schweineschmalz) • Staub-/Puderzucker

Germ in das Schlagobers einbröckeln, etwas Mehl untermischen, Gemenge mit Mehl bedecken und an einem warmen Ort so lange gehen lassen, bis die bedeckende Mehlschicht grobe Risse aufweist (ca. 30 Min.). Nun diesen „Dampfl" genannten Vorteig mit den restlichen Zutaten – außer Butterschmalz und Staubzucker – zu einem weichen Teig verarbeiten und zugedeckt nochmals ca. 30 Min. gehen lassen. Hierauf den Teig mit einem Kochlöffel (!) schlagen, bis er glänzt, noch einmal 30 Min. gehen lassen. In geräumiger Pfanne/Kasserolle zweifingerhoch Butterschmalz auf ca. 170° C erhitzen. Vom fertig gegangenen Teig mit einem Teelöffel Nockerln/Klößchen abstechen und im heißen Schmalz knusprig braun backen. Nicht zu viele auf einmal einlegen, damit das Schmalz nicht zu stark abkühlt; Löffel vor jedem Abstechen ins heiße Schmalz tunken, dann geht's besser. – Fertige Mäuse auf Küchenkrepp abtropfen lassen und noch warm mit Staubzucker bestreuen.

Dieses in die schier unüberschaubare Gruppe des Schmalzgebackenen fallende Brauchtumsgebäck – „bachene Mäus'", „bochane Meis" – ist über ganz Österreich verbreitet. Praktisch betrachtet, hat jedes Dorf sein eigenes Rezept, größere Dörfer zumindest deren zwei. Auch die Benennungen variieren von Region zu Region.

Hier wurde sozusagen die „Urform" vorgestellt – Sie können die Mäuse noch mit Honig, Marmelade, Powidl/Pflaumenmus und sonstiger Fülle füllen, in den Teig Rosinen / Nüsse / Mandeln einarbeiten, mit oder ohne Sauce servieren (Vanillesauce, Hollerröster/Holundermus sind zu empfehlen) und alles untereinander natürlich auch noch ungehemmt kombinieren. Probieren Sie doch mal eine dicke, mit viel Honig gesüßte Vanillesauce als Dip aus – köstlich!

Jamboree gratinierter Erdbeeren und Joghurteis

Eis: *1/4 l Joghurt • Saft einer Zitrone • 50 g Honig • 4 cl Maraschino • 1/4 l Fruchtmolke • 1/4 l Schlagobers/Süße Sahne*
Erdbeer-Gratin: *200 g Topfen/Quark • 4 Eier • 1 EL Rum • mindestens 5 EL Honig • 1 Pkg. Vanillezucker • abgeriebene Schale einer halben Zitrone (unbehandelt) • 60 g Maisstärke • 400 g Erdbeeren*

Vorbereitungen am Vortag des großen Ereignisses:

Die ersten 5 unter „Eis" angeführten Zutaten gut vermengen, Schlagobers steif schlagen, unter die anderen Zutaten heben. Gesamte Masse über Nacht ins Tiefkühlfach stellen.

Eis aus dem Tiefkühlfach nehmen, kurz stehen lassen, dann kräftig schlagen – durch die eingeschlagene Luft wird es cremiger – und Bällchen oder ähnliches daraus formen. Dann noch max. 30 Min. ins Tiefkühlfach stellen.

Topfen mit Eiern und Rum schaumig schlagen, Honig, Vanillezucker, Zitronenschale und Stärke untermengen. Masse auf vier feuerfeste Teller verteilen, mit den Erdbeeren belegen und im Backrohr bei ca. 170° C so lange backen, bis Oberfläche leicht gebräunt ist. Kurz überkühlen lassen und gemeinsam mit dem Joghurteis servieren.

Borretschblüten ergeben eine hervorragende – auch eßbare – Dekoration.

Vanilleeis in Biskuitblüte

Für 2 Portionen

Biskuit: *2 – 3 Eidotter/Eigelb (je nach Größe) • 1 EL Wasser • 30 g Zucker • 30 g Mehl, glatt • 10 g Kakao • 1/2 Pkg. Vanillezucker • 2 – 3 Eiklar/Eiweiß*
Fülle: *1 EL Vanillepuddingpulver • 1/16 l Sauerkirschensaft • 1 EL Weinbrand • 2 EL Honig • 150 g Sauerkirschen • Vanilleeis (Fertigprodukt)*

Backrohr auf 180° C vorheizen, Backblech mit Backpapier belegen.

Dotter mit Wasser und Zucker schaumig rühren. Mehl mit Kakao gut versieben und mit dem Vanillezucker unter die Dottermasse mischen. Zuletzt den aus den Eiklar geschlagenen Schnee unterheben.

Teig sehr dünn auf das Blech gießen und knapp 10 Min. backen. In heißem Zustand kreisrunde Scheiben (Krapfenausstecher, 7 cm) ausschneiden, diese vorsichtig vom Papier lösen, noch vorsichtiger biegen und je 4 Stück in die Gläser stecken, so daß eine (nach unten geschlossene) Blüte entsteht. Biskuitscheiben im gebogenen Zustand im Glas auskühlen lassen.

Für die Fülle das Puddingpulver mit etwas kaltem Sauerkirschensaft und dem Weinbrand anrühren. Den restlichen Saft mit dem Honig erhitzen, das angerührte Vanillepulver dazugeben, umrühren, einmal aufkochen lassen, von der Herdplatte nehmen, Kirschen untermengen und alles erkalten lassen.

Kirschenmasse vorsichtig in die Blütenkelche füllen (dabei die „Blütenblätter" von oben halten, damit sie unten nicht auseinandergetrieben werden) und mit einer Kugel Vanilleeis toppen.

Zimtparfait mit Erdbeersauce

Parfait: *2 Eier • 1 TL Zimt, gemahlen• 3 EL Honig • 1 Pkg. Vanillezucker • 2 Blatt Gelatine • 1/4 l Schlagobers/Süße Sahne*
Sauce: *500 g zerteilte Erdbeeren • 4 cl Cointreau • 3 EL Kristallzucker • einige Tropfen Zitronensaft*

Eier mit Zimt, Honig und Vanillezucker über Dunst dickschaumig aufschlagen, dann wieder kalt schlagen. Gelatine in kaltem Wasser einweichen, ausdrücken, in warmem Wasser auflösen. Schlagobers steif schlagen und gemeinsam mit der Gelatine unter die Eiermasse ziehen. Gesamtmasse für 2 – 3 Stunden ins Tiefkühlfach stellen.

Ca. zwei Drittel der Erdbeeren mit dem Kristallzucker einmal aufkochen, dann pürieren und mit Cointreau, Zitronensaft vermischen. Die restlichen Erdbeerstückchen nur locker unterheben. Im Kühlschrank kühl stellen.

Sauce auf dem Teller verteilen, aus dem Gefrorenen Nockerln/Klößchen ausstechen und daraufsetzen. Mit Schlagobers und Schoko-Spänen verzieren – einige Nüßlein passen auch sehr gut dazu!

Nuss-Honig-Konfekt / Nougat Montélimar

250 g Honig • 400 g Kristallzucker • 500 g geriebene Walnüsse • 3 – 5 Eiklar/ Eiweiß • Saft einer Zitrone • Oblaten (mit Reispapier geht's einfacher)

Honig mit Zucker (und ev. etwas Wasser) verrühren und bei mittlerer Hitze im Wasserbad solange schlagen, bis der Zucker gänzlich aufgelöst und eine glatte Masse entstanden ist. Dann in diese Eiklar, Nüsse sowie Zitronensaft mengen und weiter schlagen / rühren, bis die Masse zäh streichfähig ist und sich vom Löffel und Topf löst.

Wenn Sie nicht über eine Arbeitsfläche aus Stein (Granit, Marmor) verfügen, überziehen Sie einfach ein Schneidbrett mit Alu-Folie, darauf verteilen Sie vollflächig die Oblaten / Reispapier. Diese werden mit der Nußmasse ca. 1 cm dick bestrichen, darauf wieder Oblaten setzen. Mit Alu-Folie bedecken und einem zweiten Schneidbrett beschweren. 2 (!) Tage ruhen bzw. gänzlich trocknen lassen. Erst dann mit einem in heißes Wasser getauchten Messer in kleine Stücke schneiden. Dicht verschlossen, halten sich diese Köstlichkeiten bis zu 4 Wochen.

Wenn Sie echten „Lavendelhonig" und anstelle der Walnüsse ein Gemisch aus geschälten, gerösteten Mandeln und rohen Pistazien nehmen (Menge wesentlich geringer), erhalten Sie Nougat Montélimar.

Die Stadt Montélimar liegt im Norden der Provence (Frankreich) im Tal der Rhone.

Seit knapp 500 Jahren wird hier diese Form des Nougats hergestellt und verfeinert. Angeblich kannten aber bereits schon die antiken Griechen dieses Nuß-Honig-Konfekt. Weiteres dazu unter „Honig, falsch / Türkischer Honig", s. S. 149.

Honig-Ananas

1 – 2 frische Ananas (solche aus der Dose sind nur ein schlechter Ersatz) • 1 EL Cognac (Weinbrand) • 1 EL Zitronensaft
Backteig: *100 g Mehl • 1 Ei • ca. 1/8 l Wasser • Salz • viel Erdnußöl • Honig*

Ananas schälen, holzigen Strunk herausschneiden und gereinigtes Fruchtfleisch in daumengroße Stücke teilen, für ca. eine Stunde in Cognac und Zitronensaft marinieren.

Währenddessen das Ei mit dem Wasser verquirlen und anschließend Mehl einrühren, salzen – Backteig kalt stellen (er wird feiner, wenn man das Eiweiß zu Schnee schlägt und erst abschließend unterhebt).

Marinierte Ananasstücke abtropfen lassen, mit Küchentuch trockentupfen, durch den Backteig ziehen und im auf ca. 180° C erhitzten Öl zu heller Bernsteinfarbe fritieren.

Kurz auf Küchentuch entfetten und dünnstrahlig mit Honig überziehen. Sofort servieren – einfach, schnell, gut!

Honig-Lokum / Rahat

1 kg Honig • ca. 120 g Reisstärke • 1 l Wasser • 1 Prise Salz • etwas Zitronensaft (so gewünscht) • viel Staub-/Puderzucker

Wasser kalt mit der Stärke abrühren, dann mit Honig (und Zitronensaft) aufkochen und unter ständigem (!) Rühren weiterkochen. Wenn die Masse beginnt, sehr dick zu werden, also das Rühren schon ziemlich anstrengend wird, stechen Sie mit einem Teelöffel etwas davon aus und halten es in eisgekühltes Wasser. Die erstarrende Masse muß sich leicht formen lassen und auch im gänzlich erkalteten Zustand noch so elastisch wie Gummi sein. Ist sie zu flüssig – weiterkochen/-rühren; ist sie zu fest, Wasser dazugeben.

Fertige Masse in eine mit Trennpapier ausgelegte Form gießen, ca. 2 – 2,5 cm hoch, erkalten lassen. Gänzlich erkaltetes Lokum / Rahat in Würfel / Rauten schneiden und in Staubzucker wälzen.

Dieser auf dem Balkan und im Vorderen Orient enorm beliebten Süßigkeit können jegliche Art von Nüssen, Aromastoffe, Schokolade usw. beigemischt werden. Auch muß Lokum nicht unbedingt nur in Staubzucker gewälzt werden; ein Gemisch aus Staubzucker und Kokosflocken geht auch an. In bestimmten Regionen der Türkei wird das Lokum noch länger gekocht – dann wird es bißfest. Ein leicht wabberndes, gummiartiges Gebilde ist jedoch die Norm.

Exotic Dream

3 sehr reife Kiwis • 3 EL kräftiger Honig • 4 Pfirsichhälften und 2 EL -sirup (Dose) • 1 Granatapfel • 1 EL milder Honig
125 g Topfen/Quark • 120 g Staub-/Puderzucker • 1/16 l Schlagobers/Süße Sahne • Saft einer halben Zitrone • 1/2 Pkg. Vanillezucker • ca. 1/16 l Milch

Kiwis schälen, grob teilen und durch ein Sieb passieren (nicht im Cutter pürieren, die zerschnittenen Kerne verbreiten einen enorm bitteren Geschmack); das Mark mit dem kräftigen Honig mischen.

Pfirsichhälften mit dem Sirup pürieren. – Granatapfel halbieren, Kerne auslösen, dabei Saft auffangen – Kerne gemeinsam mit dem Saft pürieren (einige Kerne für die Deko übriglassen), Püree durch ein feinmaschiges Sieb streichen und mit dem milden Honig süßen.

Topfen, Zucker und Obers gut vermischen (Mixer), dann Zitronensaft und Vanillezucker beigeben, zuletzt mit soviel Milch vermixen, daß eine dickflüssige Creme entsteht.

In ein Lyraglas (oder sonstiges hohes, unten dünn / spitz zulaufendes Glas) zuerst das Granatapfelmus geben, danach die Topfencreme darüberschichten, anschließend die pürierten Pfirsiche und zuletzt das Kiwimark vorsichtig einfüllen.

Mit einem Klacks Topfencreme und einigen Granatapfelkernen dekorieren – toll!

Stachelbeerkuchen

Ca. 500 g Stachelbeeren • 180 g Mehl • 1/2 Päckchen Backpulver • 140 g Butter, handwarm • 120 g Honig • 1 Pkg. Vanillezucker • geriebene Schale einer halben Zitrone (unbehandelt) • 6 Eidotter/Eigelb • 2 – 3 EL Sauerrahm • 6 Eiklar/Eiweiß • Salz • gehobelte Mandeln (Menge nach Belieben) • Butter • Mehl • Staub-/Puderzucker

Stachelbeeren putzen, waschen, gut abtropfen lassen.

Mehl mit Backpulver versieben. Butter mit der halben Honigmenge, Vanillezucker sowie Zitronenschale schaumig rühren. Dann Dotter und Rahm nach und nach beifügen. Eiklar mit Salz zu steifem Schnee schlagen, restlichen Honig löffelweise unterrühren, unter die schaumig geschlagene Buttermasse mischen, Mehl vorsichtig einarbeiten.

Teig in eine gebutterte und bemehlte Tortenform leeren, Stachelbeeren darunterheben, Oberfläche glattstreichen und mit Mandeln bestreuen (nicht zu dicht). Im auf 170 – 180° C vorgeheizten Backrohr ca. 1 Std. backen (Nadelprobe). Kuchen in der Form erkalten lassen, erst dann lösen. Vor dem Servieren mit Staubzucker bestreuen.

Sie können auch rohe Stachelbeeren mit einem Klacks Honig „ankleben“ – der süße Honig harmoniert ungemein mit den säuerlichen Stachelbeeren.

Gefüllte Orangen

Gelatineblätter • 4 Orangen • 1/8 l Schlagobers/Süße Sahne • 1/8 l Joghurt • 50 g Honig • 1/8 l Orangensaft • 2 EL Orangenlikör • 1 TL Vanillezucker • 100 g Zucker • 80 g Walnußkerne, halbiert • noch etwas Honig • Wasser • frische Zitronenmelisse (oder Minzeblätter) • Staub-/Puderzucker

Gelatineblätter (Menge und Verarbeitung laut Packungsaufschrift) in kaltem Wasser einweichen. An der Unterseite der Orangen die Schale vorsichtig nur so weit abschneiden, daß die Früchte selbständig stehen können. An der Oberseite einen Deckel abschneiden, Früchte aushöhlen (Deckel ebenfalls); Fruchtfleisch auspressen.

Schlagobers steif schlagen, Joghurt, 50 g Honig, Orangensaft und -likör sowie Vanillezucker untermischen. Gelatineblätter ausdrücken, vorsichtig erwärmen, glattrühren und unter die Schlagobersmasse rühren. 30 Min. im Kühlschrank anziehen lassen. Dann die ausgehöhlten Orangen bis zum Rand mit der Schlagobersmasse füllen, 2 – 3 Std. im Kühlschrank festwerden lassen.

Währenddessen Honig mit ganz wenig Wasser erhitzen, Walnußkerne darin mehrmals wenden, auskühlen lassen. Walnüsse mittig auf die feste Creme setzen, Deckel der Orangen daraufsetzen. Mit Orangenfilets und Melisseblättern garnieren, sofort servieren!

Honig-Rhabarber im Apfel

4 größere Äpfel • Saft von zwei Zitronen • ca. 1/2 l Zuckersirup (1/4 l Wasser mit 1/4 l Zucker verkochen oder Fertigprodukt) • ca. 3 cm Zimtstange • 3 Gewürznelken • 1 in kleinere Scheibchen geschnittene Stange Rhabarber • 1 Lorbeerblatt • 1 TL Honig • 2 EL Orangenlikör (mit Grand Marnier wird's natürlich ein Luxusessen) • 1 filetierte Orange • einige Minzeblätter, teils gehackt, teils geschnitten • je 1 TL grobgehackte Pistazien, Haselnüsse, Mandeln

Weinschaum: *1/4 l Weißwein • 3 – 4 Eidotter/Eigelb (je nach Größe) • ca. 100 g Staub-/ Puderzucker • 1 EL Himbeermarmelade/-konfitüre (Deko)*

Äpfel reinigen, oben eine Kappe abschneiden, vorsichtig aushöhlen (Schneidlöffel, Grapefruitlöffel), Höhlungen mit Zitronensaft ausschwenken, das verhindert das Braunwerden.

Zuckersirup mit Zimt, Gewürznelken und Zitronensaft aufkochen, Rhabarberscheibchen darin 1 Min. blanchieren, abtropfen und abkühlen lassen. Nun das Lorbeerblatt zum Sirup geben, noch einmal aufkochen und die Äpfel (samt abgeschnittener Kappe) knapp unter dem Siedepunkt gar ziehen lassen (ca. 5 Min., je nach Wandstärke), ebenfalls erkalten lassen.

Honig mit dem Likör verrühren (nötigenfalls den Honig etwas erwärmen). Erkaltete Rhabarberscheibchen, Orangenfilets, gehackte Minze (nicht zu viel), Pistazien, Nüsse und Mandeln vermengen und mit dem Honig-Likör-Gemisch marinieren; sofort in die Äpfel füllen (ev. mit der Marmelade toppen), Kappe aufsetzen. Ab in den Kühlschrank!

Für den Weinschaum die angeführten Zutaten glatt verrühren und über Wasserdampf schaumig schlagen, anschließend wieder kalt schlagen.

Weinschaum auf flacher Servierplatte verteilen, verhalten mit geschnittener Minze dekorieren, gefüllte Äpfel daraufsetzen, sofort servieren – schaut nicht nur köstlich aus, schmeckt auch so!

Hinweis: Weinschaum/Weinchaudeau fällt sehr rasch wieder in sich zusammen!

BAKLAVA

500 g Blätterteig – in türkischen Spezialitäten-Läden bzw. Bäckereien werden spezielle, hauchdünne Teigblätter angeboten. Es reicht aber auch tiefgekühlter, diesen sollte man aber noch ein bißchen dünner ausrollen.
Ca. 500 g grobgehackte Hasel- und/oder Walnüsse und/oder Pistazien und/oder Pignoli und/oder geriebene Mandeln • 150 g Butter • ca. 250 g Honig • Saft einer halben Zitrone (so gewünscht) • 1 – 2 EL Wasser

Gleichgültig, ob Sie das Baklava in einer Auflaufform oder direkt auf dem Backblech bereiten – Boden sowie Rand müssen gut bebuttert und die Teigblätter etwas größer (3 – 4 cm je Seite) als die Backform zugeschnitten werden.

Butter erwärmen, sie sollte fast flüssig sein. Ein Teigblatt vom selbst gemachten bzw. (tief)gekühlten Blätterteig bzw. 4 oder 5 original türkische Teigblätter in die Form legen und mit den Fingern zusammendrücken, so daß eine gewellte / gekräuselte Oberfläche entsteht. Gut mit Butter bepinseln und mit den Nüssen / Mandeln / Pistazien bestreuen. Nun wieder ein bzw. mehrere Teigblätter auflegen, dann wieder Nüsse, wieder Teigblätter usw. Zuoberst muß eine doppelte Lage Teigblätter zu liegen kommen, die ebenfalls gut mit Butter bepinselt wird. Die Gesamthöhe sollte ca. 5 cm nicht überschreiten.

Nun mit einem scharfen Messer das gesamtes Paket in Quadrate oder Rauten schneiden (Kantenlänge 4 – 6 cm) und im auf 180° C vorgeheizten Backrohr ca. 45 Min. backen – die Oberfläche muß goldbraun sein.

Währenddessen Honig mit Wasser (und Zitronensaft) erhitzen und dann den heißen Honig entlang der Schnittkanten über das fertiggebackene, noch heiße Baklava gießen – der Honig muß bis knapp unter der Oberfläche zu stehen kommen.

Über Nacht zugedeckt ziehen lassen; am nächsten Morgen ist das Baklava servierfertig.

Aus Gründen des Geschmacks wie der Optik kann die Oberfläche noch mit geriebenen oder gehackten Pistazien bestreut werden.

Es gibt selbstverständlich hunderte Varianten dieser türkischen Spezialität – so kann man z.B. die Nüsse bzw. Nußmischung noch mit Semmelbröseln strecken, dem Honig Orangensaft beigeben bzw. mit Zimt und Gewürznelkenpulver würzen. Hin und wieder finden sich auch Korinthen im Baklava, man kann den Honig auch ganz weglassen und nur Zucker-/Zitronensirup nehmen. usw. usf. – ein unendliches Betätigungsfeld! Jedoch: Mit Honig schmeckt's am besten!

Heidentorte

100 g Butter • 150 g Staub-/Puderzucker • 4 Eidotter/Eigelb • 100 g Weizenmehl • 150 g Heiden-/Buchweizenmehl • 1 Päckchen Backpulver • 4 Eiklar/Eiweiß • Honig • Staubzucker oder Honig-Gelee (s. Rezept S. 78)

Butter schaumig schlagen, Staubzucker unterrühren, Dotter nach und nach ebenfalls. Die beiden Mehlsorten mit dem Backpulver gut mischen und in die Butter-Dotter-Staubzuckermasse einrühren. Zuletzt Schnee aus den 4 Eiklar unterheben. Teig in eine gut gebutterte und bemehlte Springform geben und im vorgeheizten Backrohr bei ca. 170° C in 45 Min. backen (die ersten ca. 10 Min. die Backrohrtür einen Spalt offen lassen).

Ausgekühlte Torte quer teilen, Bodenplatte gut mit purem Honig bestreichen, Deckel wieder aufsetzen. Oberfläche entweder in kaltem Zustand mit Honig-Gelee überziehen oder im noch heißen Zustand lediglich mit Staubzucker bestreuen.

Hinweise: Damit der Buchweizengeschmack richtig zur Geltung kommt, sollte die Heidentorte noch 1 – 2 Tage stehen gelassen werden.

Anstelle von Weizenmehl können auch geriebene Mandeln genommen werden – der Wohlgeschmack wird dadurch enorm erhöht.

Birnenkuchen

120 g handwarme Butter • 50 g Honig • 2 EL Kirschwasser • abgeriebene Schale einer halben Zitrone (unbehandelt) • 3 Eidotter/Eigelb • 130 g Mehl • 1/2 Päckchen Backpulver • 3 zu steifem Schnee geschlagene Eiklar/Eiweiß • Salz
Belag: *500 g reife, aber feste Birnen, geschält, halbiert, in Scheiben oder dünne Spalten geschnitten • 100 g Honig (ich empfehle einen lieblichen Lindenblütenhonig) • Zimt, gemahlen (nur wenig, kommt aber auf die Honigsorte an) • 2 EL Zitronensaft • 50 g Pignoli/Pinienkerne • Butter • Semmelbrösel*

Butter mit Honig, dem Kirschwasser und der Zitronenschale schaumig rühren, dann nach und nach die Dotter unterrühren. Zuletzt den Schnee mit dem mit Backpulver und einer Prise Salz versiebten Mehl vorsichtig unterheben. Teig in eine bebutterte und bebröselte Auflaufform füllen und dicht mit den Birnenscheiben/-spalten belegen.

Honig mit Zitronensaft und Zimt verrühren (ev. etwas erwärmen) und das Gemisch gleichmäßig über die Birnen verteilen, zuletzt den Kuchen mit den Pignoli bestreuen.

Im auf ca. 170° C vorgeheizten Backrohr knapp eine Stunde lang backen. Fertigen Kuchen in der Form erkalten lassen.

Vor dem Servieren portionieren und mit Staubzucker bestreuen.

Sehr schön und auch geschmacklich vorzüglich ist es, wenn Sie quer zur Längsachse der Birnenspalten einige sehr dünne Linien dunklen Honigtau-Honigs ziehen – entweder überhaupt unter Weglassung des Staubzuckers oder über diesen verlaufend – bzw. als „Überraschungspaket“ sozusagen, unter der Staubzuckerschicht verlaufend.

NUSS-STOLLEN (Bild S. 134)

Fülle: *100 g Rosinen • 100 g geriebene Walnüsse • 50 g Aranzini • 2 EL Rum • 6 EL Marillen-/Aprikosenmarmelade/-konfitüre • 2 – 3 EL Butterschmalz • Staub-/Puderzucker*
Teig: *2 Würfel Frischgerm/-hefe (50 g) • 1/8 l Milch, handwarm • 150 g Butter, handwarm • 150 g Honig • abgeriebene Schale einer Zitrone (unbehandelt) • 1/2 TL Zimt • ganz wenig frisch im Mörser zerstoßener Kardamom • 2 Eier • 500 g Weizenvollkornmehl • Butterschmalz*

Alle unter „Fülle“ angeführten Zutaten gut vermischen (Marmelade nötigenfalls etwas erwärmen), zudecken, beiseite stellen.

Germ in die Milch einbröckeln und mit 3 oder 4 EL Mehl einen sog. Vorteig – „Dampfl“ – mischen, diesen mit Mehl bedecken und an einem warmen Ort gehen lassen. Wenn die bedeckende Mehlschicht grobe Risse, gar Spalten aufweist – das ist nach ca. 20 – 30 Minuten –, ist das „Dampfl“ fertig gegangen.

Währenddessen Butter mit Honig und Gewürzen schaumig rühren, Eier nach und nach einrühren. Abschließend das fertig gegangene „Dampfl“, den Butterabtrieb und das restliche Mehl schnell (!) zu einem glatten Teig in Kugelform kneten. Teigkugel zugedeckt ca. 1 Std. an einem warmen Ort gehen lassen.

Den fertig gegangenen Teig zu einer mehr oder weniger kreisrunden Platte auswalken, nur mittig mit der Fülle bestreichen, zu einem Stollen zusammenklappen. Diesen auf gefettetes und bemehltes Backblech legen und im auf ca. 170 – 180° C vorgeheizten Backrohr ca. 40 Min. backen.

Fertigen Stollen aus dem Backrohr nehmen, sofort mit heißem Butterschmalz bestreichen und den noch heißen Stollen mit Staubzucker überziehen.

ORANGEN-HONIG-TORTE (Bild S. 136)

Teig: *125 g Butter • 3 Eidotter/Eigelb • 300 g Mehl • 1 halbdaumengroße frische Ingwerwurzel, gerieben • 2 EL Rum • 250 g Honig • 3 Eiklar/Eiweiß*
Fülle: *300 g Orangenmarmelade/-konfitüre • Saft von 2 Orangen • 4 filetierte Orangen*
Verzierung: *1/4 l Schlagobers/Süße Sahne • 4 Kumquats, geviertelt (so gewünscht) • geröstete Mandelblättchen • Zitronenmelisse*

Butter mit Dottern schaumig rühren, versiebtes Mehl, Ingwer, Rum und Honig untermengen. Eiklar zu Schnee schlagen, vorsichtig unterheben. Teig in einer Springform im auf ca. 170° C vorgeheizten Rohr ca. 45 Min. backen. Ausgekühlte Torte zweimal querteilen.

Für die Fülle Orangenmarmelade mit Orangensaft erhitzen, ca. 10 Min. einkochen – dabei fleißig glattrühren.

Untersten Tortenboden mit einem Drittel der Orangensauce sowie der Hälfte der Orangenfilets bestreichen / belegen, zweiten Boden detto, den dritten / obersten nur mit Orangensauce bestreichen.

Torte gut auskühlen lassen. Danach zur Gänze mit Schlagobers bedecken, seitlich mit den Mandelblättchen bestreuen, obenauf z.B. Rosetten setzen und mit Zitronenmelisse-Blättchen (und den Kumquats) verzieren.

Hinweis: Der Teig klebt gut an der Form. Es ist daher besser, anstelle einer Springform nur einen Tortenreifen zu benutzen; als Boden fungiert Trenn-/Backpapier.

MOHNKRANZ

500 g Plunderteig (Fertigprodukt) • 1/4 l Milch • 500 g Mohn, gemahlen • 200 g Honig • 50 g Staubzucker • 100 g Rosinen • 100 g Preiselbeerkompott • Mehl • Staub-/Puderzucker

Plunderteig nach Vorschrift vorbereiten (auftauen).

Milch erhitzen und mit dem Mohn verrühren – ca. 30 Min. quellen lassen. Anschließend Honig, Staubzucker, Rosinen und Kompott zugeben und noch einmal 30 Min. ziehen lassen.

Aufgetauten Teig auf bemehlter Arbeitsfläche zu einem Rechteck – ca. 70 x 50 cm – ausrollen und gleichmäßig mit der Fülle bestreichen. Dann – an der Breitseite beginnend – wie Strudel / Roulade zusammenrollen und die Rolle vorsichtig in eine Kranzform legen; ca. 1 Std. zugedeckt an einem warmen Ort gehen lassen. Anschließend im auf ca. 180° C vorgeheizten Backrohr ca. 45 Min. backen, noch warm stürzen und im leicht überkühlten Zustand mit Staubzucker bestreuen.

Vollkornbuchteln mit Weichsel-Nuss-Fülle

Teig (alles handwarm): *25 g Frischgerm/-hefe (1 Würfel) • ca. 1/8 l Milch • 80 g Butter • 70 g Honig • Salz • 400 g Weizen-Vollkornmehl • geriebene Schale einer Zitrone (unbehandelt) • etwas Zimt- und Gewürznelkenpulver • Vanillezucker*
Fülle: *120 g Haselnüsse • 120 g Weichselmarmelade/-konfitüre • 4 cl Rum*
100 g Butter • Staub-/Puderzucker

Germ in 4 EL Milch glattrühren; Butter, Honig und Salz in der übrigen Milch auflösen. Beides mit den restlichen Teigzutaten zu einem weichen Teig verkneten (nötigenfalls etwas warmes Wasser / Milch dazugeben). Den Teig so lange kneten, bis die Kugel seidig zu glänzen beginnt. Im Kühlschrank zugedeckt 3 Std. rasten lassen. Danach noch einmal kräftig durchkneten und an einem nicht zu warmen Ort ca. 30 Min zugedeckt gehen lassen.

Backrohr auf 180° C vorheizen. Während der Aufheizphase die Haselnüsse auf dem Blech verteilen und braun rösten, abkühlen lassen. Anschließend mit der Marmelade und dem Rum gut vermengen.

Den gegangenen Teig auf bemehlter Arbeitsfläche zu einem fingerdicken Rechteck ausrollen. Kleine Quadrate – ca. 5 x 5 cm – ausschneiden. Jedes Quadrat mittig mit einem Löffel voll der Fülle belegen, Ecken umschlagen und mit bemehlten Händen Buchteln drehen (im Prinzip wie Knödeln/Klöße behandeln).

Eine Auflaufform gut mit Butter ausstreichen, Buchteln mit der Naht nach unten dicht einlegen, mit flüssiger (nicht zu heißer) Butter (früher nahm man Schweineschmalz dafür, paßt auch heute gut zum Vollkornmehl) bestreichen und an einem warmen Ort noch einmal ca. 1 Std. aufgehen lassen. Dann ca. 40 Min. im Rohr goldbraun backen. Warm und mit Staubzucker bestreut servieren.

Eine dazu gereichte Vanillesauce – ev. mit etwas Rum aromatisiert – schadet keineswegs!

Honigstollen (Bild S. 140)

200 g Butter, handwarm • 150 g Honig • 2 Eier • 150 g Topfen/Quark (20 %) • 100 g Rosinen • 100 g Korinthen • 100 g geriebene Mandeln • wenig frischer, zerstoßener Kardamom • etwas geriebene Muskatnuß • Zimtpulver • Salz • 500 g Mehl, glatt • 1 Päckchen Backpulver
Vollendung: *40 g Butter • 40 g Honig*

Butter schaumig schlagen, Honig, Eier sowie Topfen nach und nach unterrühren. Erst wenn alles schön schaumig ist, Rosinen, Korinthen, Mandeln und Gewürze dazugeben, zuletzt das mit Backpulver und etwas Salz versiebte Mehl untermischen. Den Teig auf bemehlter Arbeitsfläche gut durchkneten und zu einem Oval in Backblechgröße aus-

walken / -rollen. Etwa ein Drittel (oder knapp die Hälfte) des Teiges umklappen, auf ein mit Backpapier belegtes Backblech legen und im auf 180° C vorgeheizten Rohr ca. 1 Std. backen.

Der fertige, noch heiße Stollen wird mit einem erhitzten Butter-Honig-Gemisch bestrichen. – Prinzipiell kann er sofort gegessen werden, so richtig gut schmeckt er allerdings erst nach zwei, drei Tagen.

HAFERFLOCKENKEKSE

200 g Honig • 200 g Butter • 2 Eier • 1/8 l Buttermilch • 100 g Weizenschrot • 250 g Haferflocken • 100 g geriebene Haselnüsse • Salz • Zimtpulver

Backrohr auf 180° C vorheizen.

Honig, Butter und Eier schaumig rühren, dann alle übrigen Zutaten zugeben, gut vermischen. Mit einem Teelöffel kleine Häufchen aus der Masse ausstechen und auf ein gefettetes Backblech setzen – mehrere Zentimeter Abstand zwischen den Häufchen lassen, sie fließen auseinander. Ca. 10 – 12 Min. backen. Noch warm vom Blech lösen, auskühlen lassen.

Trocken in einer gut verschlossenen Dose / Glas gelagert, halten sich die Kekse bis zu einem Monat.

Marillen/Aprikosen-Dessert

300 g Marillen/Aprikosen, halbiert, entkernt • Saft einer halben Zitrone • Honig (Menge nach Geschmack) • 4 cl Marillenlikör • 1/4 l Joghurt • 100 g Magertopfen/-quark (passiert) • 1 Päckchen Vanillezucker

Marillen mit Zitronensaft, Honig und Marillenlikör vermischen und im Kühlschrank zugedeckt 1 – 2 Std. marinieren. Ca. ein Viertel der marinierten Marillen pürieren und mit Topfen, Joghurt und Vanillezucker gut vermixen. Die Hälfte der ganzen Marillenhälften in 4 Gläser füllen, Creme darüberschichten und mit den restlichen Marillenhälften belegen. Gekühlt servieren.

Aus geschmacklichen Gründen eignen sich zur Dekoration eine Rosette aus gesüßtem Schlagobers sowie gehobelte Bitterschokolade.

Hinweis: Der Honig sollte ein milder sein, sonst wird das feine Aroma der Marillen erschlagen. Wenn Sie nur kräftigen Honig zur Hand haben, diesen mit Staub-/Puderzucker vermischen.

Stocker StV

Im Dienste des guten Buches

LANDESAUSZEICHNUNG

Name/Vorname

Beruf

Straße

Postleitzahl und Wohnort

Geschäftsantwort-
postkarte

An den

LEOPOLD STOCKER VERLAG

Postfach 438
Hofgasse 5
A-8011 Graz

Tel.: (0316) 82 16 36
Fax: (0316) 83 56 12
e-mail: buecherquelle@stocker-verlag.com

Hirse-Marillen/Aprikosen-Törtchen

Für ca. 40 Stück

120 g Butter • 40 g Honig • 2 Eier • 140 g gemahlene Hirse • 50 g Weizenmehl, glatt • abgeriebene Schale einer Orange (unbehandelt) • 5 EL Orangensaft • 2 EL Milch • 150 g getrocknete, kleingeschnittene Marillen/Aprikosen

Butter mit Honig und den Eiern schaumig rühren. Hirsemehl, Weizenmehl und Orangenschale mischen und abwechselnd mit Orangensaft und Milch unter den Butterabtrieb rühren. Erst danach die Marillenstückchen einarbeiten (einige aufheben). Teig zwei Std. rasten lassen. Backofen auf ca. 180° C vorheizen.

Teig in Papierbackformen füllen, mit den übriggelassenen Marillenstückchen belegen und am Blech in 12 – 14 Min. backen.

Lebkuchen

Aufgrund der archaischen Teigzusammensetzung und der an Gebildbrote erinnernden Motiven verfällt man leicht in den Irrtum, Lebkuchen für ein uraltes Brauchtumsgebäck zu halten. Tatsache ist jedoch vielmehr, daß Lebkuchen – früher im süddeutschen und österreichischen Raum auch Lebzelten genannt – stolzer (volks-) künstlerischer Ausdruck der Handwerkszunft der Lebzelter, Wachszieher und Metsieder/-brauer war. Dieser bereits im 16. Jh. erwähnten Zunft oblag nicht nur das Herstellen von Lebkuchen, Kerzen und Met, die Mitglieder hatten auch für die geschnitzten Model – sei's für Lebkuchen, sei es für Wachsstöcke – zu sorgen. Anders als bei Gebildbroten, deren Formen strengen Richtlinien folgten, waren die Model für Lebkuchen keinerlei Normen unterworfen. Der Lebzelter schnitzte, was der Markt verlangte – und der Markt war (groß-)bürgerlich, nicht bäurisch.

Die politische Lage floß daher in die Model genauso ein wie die unterschiedlichsten lokalen Bräuche, Anlaßfälle (Geburt, Hochzeit, Tod), weltliche wie kirchliche Feste oder sogar das Wetter – den Formen waren somit keine Grenzen gesetzt. In erster Linie konkurrierten die Lebzelter einander daher nicht über die Qualität des Lebkuchens, sondern über Qualität und Ideenreichtum der Formen, also über das zielgenaue Treffen des Publikumsgeschmacks.

Die Hoch-Zeit des Lebkuchens war das Barock – das Bürgertum hatte Höflichkeits- und Geschenkbräuche zur Perfektion getrieben. Selbst zum kleinsten, nichtigsten Anlaß wurde ein Geschenk überreicht – Lebkuchen stand innerhalb der „Speisengeschenke“ aufgrund seiner unendlichen Formenvielfalt und auch wegen seiner schwülstig-anspruchsvollen Verzierung in der Beliebtheitsskala ganz weit vorne – klarer Fall, daß dies irgendwann auch einmal in die Niederungen des „gemeinen“ Volkes am Land ausstrahlen mußte. Landauf, landab wurde es Brauch, „den nahen Nächsten“ mittels Lebkuchens „die Liebe abzustatten“ – einerlei, ob diese sinnlicher oder geistiger Natur war.

Lebkuchen wurde zu keiner Zeit in großem Umfang zu Hause hergestellt; man besuchte lieber den nächsten Kirchtag und kaufte ihn vom Stand des Lebzelters. Das war zwar nicht gerade billig, aber als Geschenk für die Liebste gerade noch gut genug – die heute noch auf Kir(ch)tagen feilgebotenen Lebkuchenherzen sind somit – inhaltlich wie zeitlich – der letzte Ausklang des Barock.

Und so unendlich wie die Formenvielfalt war und ist, so unendlich ist auch die Reihe der Rezepte für Lebkuchen – man könnte eine mehrbändige Lebkuchen-Enzyklopädie darüber verfassen. Ich möchte Ihnen hier ein ganz besonders feines Rezept vorstellen.

600 g Weizenmehl • 250 g Roggenmehl • 500 g Honig • 400 g Rohrzucker • 5–6 EL Öl • 10 g Pottasche (fungiert traditionellerweise für Lebkuchen als Treibmittel und ist in der Apotheke erhältlich) • 2 Eier • 1/8 l Schlagobers/Süße Sahne • 1/8 l Wasser • Gewürze (s. S. 146)

Pottasche in Wasser auflösen, dann mit den Eiern schaumig rühren und mit allen anderen genannten Zutaten vermengen.

Sie haben nun den Grundteig hergestellt – nachdem dieser ca. 1 Std. gerastet hat, können Sie ihn bei ca. 180° C in ca. 40 Min. auf einem befetteten, bemehlten Backblech backen – das ergibt einen feinen „Ur-Lebkuchen" pur.

Sie können selbstverständlich in den rohen Teig noch so gar manches einrühren / -kneten: Aranzini, Zitronat, Nüsse jeglicher Couleur – egal, ob grob gehackt oder gerieben usw. usf. Sie können ferner den Teig – gleichgültig, ob mit Nüssen, Aranzini u. dgl. vermengt oder nicht – dünn ausrollen und mit Keksausstechern beliebige Formen ausstechen. Falls Sie diese mit Mandeln, Nüssen, kandierten Kirschen usw. belegen möchten, müssen Sie die Kekse vorerst mit Eiklar /Eiweiß bestreichen. Auch diese Varianten werden wie zuvor gebacken.

Sie können den Teig aber auch (nicht zu dick) in eine Kastenform füllen, wie zuvor backen und anschließend mit Couvertüre überziehen (das kann man mit den Keksen selbstverständlich auch machen).

Für die heute übliche Zuckerglasur nimmt man 140 g Staub-/Puderzucker und rührt diesen mit 1 – 2 Eiklar/Eiweiß (je nach Größe) fein ab; einige zugesetzte Tropfen Zitronensaft machen die Glasur noch weißer als weiß. Wenn Sie zum Färben keine künstlich hergestellten Lebensmittelfarben nehmen wollen: Cochenille/Koschenille (das ist das Weibchen der Scharlachlaus) färbt rot (Tomatensaft schmeckt vor), Spinatsaft färbt grün, Safran gelb, Schokolade braun, Veilchensaft violett.

Abgesehen vom Honig wurde die Würzung des Lebkuchens noch nicht erörtert: obligat sind Anis, Gewürznelken, wenig Koriander, etwas Muskatnuß, wenig Piment und Zimt – alles gemahlen. Weiters können noch alle möglichen (und auch „unmöglichen") Gewürze eingearbeitet werden – schließlich wird in den romanischen Sprachen der Lebkuchen als „Gewürzbrot" – „pain d'épices", „pan de especias" – betitelt. Empfehlenswert sind: Weißer Pfeffer, Kardamom und Ingwer (im Englischen wird Lebkuchen „Ginger-Bread" genannt), und hierzulande heißt ein kräftig gewürzter Lebkuchen eben „Pfefferkuchen".

Zur Lagerung aller Lebkuchen – gleichgültig, ob industriell oder häuslich gefertigt – ist nur zu sagen, daß sie eine Tendenz zum Austrocknen zeigen. Dem kann auf vielerlei Wegen vorgebeut werden: dicht verschlossen in Dosen aufbewahren, ev. einen Apfel oder Karotte/Mohrrübe dazugeben (Vorsicht: beides kann irgendwann einmal zu schimmeln beginnen!); am besten ist: schnell aufessen.

Aber auch strohtrockener Lebkuchen läßt sich reaktivieren – am besten, Sie hängen / stellen / legen ihn für einige Tage in den feuchtesten Raum Ihrer Wohnung – in das Badezimmer.

Abschließend noch eines: Kräuterpfarrer Weidinger war der Meinung, Lebkuchen sei Medizin für den gesamten Verdauungstrakt, aber auch für die Nerven (allerdings ohne Zuckerguß).

HONIG, FALSCH

Wir wollen nun solche Erzeugnissen unter die Lupe nehmen, die zwar im Titel den Namen „Honig“ führen, jedoch nichts mit diesem gemein haben – nichtsdestotrotz aber sehr wohl schmecken können.

Türkischer und Arabischer Honig

Wer hat nicht schon vom Kir(ch)tag „Türkischen“ oder „Arabischen Honig“ mit nach Hause gebracht? Blütenweiße Würfel, dunkelbraune Scheiben, die entweder Zähne ausbrechen (können) oder zwischen diesen lieblich auf der Zunge zergehen. Wie viele sich (angeblich) bewußt ernährende Menschen haben sich beim Anblick dieser Köstlichkeiten dennoch einer kulinarischen Sünde hingegeben? Wie viele gewichtsreduzierende Personen warfen all ihre Vorsätze über Bord, nur um zumindest ein kleines Stück – meist wurden es mehrere – davon zu erhaschen? Es ist freilich müßig, danach zu fragen: Wer kann dem süßen Paradies schon widerstehen?

In jüngster Zeit mußte allerdings bemerkt werden, daß das Wissen um die exakte Benennung dieser Spezereien nicht mehr zum Allgemeingut der Konsumenten zählt – mehr oder weniger wird alles aus dem Orient stammende Süße wahllos durcheinandergewirbelt (auch in Kochbüchern, sogar solchen von namhaften Autoren). Das tut weh! Und bevor dieses Wissen gänzlich verlorengeht, hier ein kleiner Leitfaden zum „falschen Honig“.

Türkischer Honig

Zucker wird bis zum „Bruch“ gekocht, d.h. der Zucker wird mit ganz wenig Wasser eine Zeitlang gekocht. Wenn man dann schnell mit einem genäßten Holzstäbchen (z.B. Stiel des Kochlöffels) durch die kochende Masse rührt und das Stäbchen sofort in kaltes Wasser taucht, muß der Zucker augenblicklich aushärten und so hart und spröde sein, daß er beim Abziehen krachend bricht. Dieser Zustand wird auch 8. Grad – die endgültige Karamelisierung wäre Grad 9 – bzw. im Küchenfranzösisch Sucré au cassé genannt. Dann die Masse abkühlen lassen, sehr steifgeschlagenen Eischnee unterziehen, geröstete Erdnüsse (oder Haselnüsse / Walnüsse / Pistazien) unterheben, in Formen gießen. Gänzlich ausgekühlte Masse stürzen. Das fertige, blütenweiße, nur von einigen Nüssen durchsetzte Produkt ist in seinem Idealzustand knochentrocken, glashart und genauso spröde. Probleme beim Verkauf sind zu große / direkte Sonnenbestrahlung und hohe Luftfeuchtigkeit – in beiden Fällen verliert der „Türkische Honig“ seine ursprüngliche Konsistenz, er wird weich und zäh. – Liest sich sehr einfach, ist es aber in der harten Welt der Realität mitnichten!

Schwierigkeit Nr. 1: Das Unterfangen „Türkischer Honig" gelingt nur bei größeren Mengen – ab ca. 50 kg aufwärts. Die Stürzformen sind auf Blöcke mit einem Gewicht von mindestens (!) 20 kg ausgelegt.

Schwierigkeit Nr. 2: Es muß exakt bis zum „Bruch" gekocht werden – entweder mittels Zuckerwaage messen (127° C) oder durch langjährige Erfahrung ein „G'spür" dafür entwickeln.

Schwierigkeit Nr. 3: Der richtige Zeitpunkt des Schnee-Unterhebens. Die Zuckermasse darf nicht zu heiß sein – in diesem Fall gerinnt das Eiweiß. Sie darf aber auch nicht zu kalt sein – sonst läßt sich der Eischnee nicht mehr untermischen (ein erneutes Aufkochen nützt auch nichts).

Als *Schwierigkeit Nr. 4* könnte noch angeführt werden, daß hier lediglich das Grundrezept gebracht wird. Jeder Erzeuger hat noch einige Geheimzutaten geschmacklicher Natur in petto.

Wie wir gesehen haben, hat „Türkischer Honig" nichts, aber auch schon gar nichts mit Honig gemein. Die Frage nach dem Ursprung dieser Benennung bringt uns zunächst zu einem weiteren Phänomen: die Wurzeln des „Türkischen Honigs" liegen nämlich auch nicht in der Türkei! „Türkischer Honig" stammt aus Mazedonien bzw. ist überhaupt eine in Österreich gefertigte Kreation.

Im letzten Viertel des 19. Jh.s – damals war Mazedonien dem Türkischen/Osmanischen Reich einverleibt – setzte in Mazedonien eine massive Auswanderungswelle ein. Unter den vielen in Österreich gelandeten Mazedoniern waren auch Zuckerbäcker/Konditoren (dazumals Kanditen-Erzeuger genannt), die hierzulande selbstverständlich ihr Handwerk weiter ausübten. Neben Bonbons, gebrannten Mandeln, Kokosstangen, Fruchtgelees u. dgl. wurde auch Halwa produziert und verkauft. Doch dieses hatte entscheidende, einem guten Absatz nicht gerade zuträgliche Nachteile (Details dazu weiter unten).

Man suchte Alternativen, experimentierte, probierte dies und das und „erfand" so um die Jahrhundertwende letztendlich den länger haltbaren „Türkischen Honig" – ob noch in Mazedonien oder bereits in Österreich, konnte (noch) nicht eruiert werden. Tatsache ist jedenfalls, daß es im heutigen Mazedonien keinen „Türkischer Honig" gibt (und in der Türkei schon gar nicht).

Als „Mazedonischer Zucker" oder schlicht „Mazedonier" – die nächstliegenden Bezeichnungen – ließ sich das neue Produkt jedoch nicht verkaufen. Zwar war dazumals „Mazedonier" nicht unbedingt ein Schimpfwort, aber dennoch eine eher negativ besetzte Bezeichnung. Der Ausdruck „Türkisch" hingegen verfügte über eine positive Konnotation, war die Türkei doch eng mit der österreichisch-ungarischen Monarchie befreundet. Die „Täuschung" der Konsumenten ging soweit, daß sich (in der Regel mazedonische) Verkäufer von „Türkischem Honig" mit Fes usw. – dem Sinnbild der verhaßten Besatzungsmacht in der Heimat – als Türken verkleideten. Zum „Honig" – der auch damals schon wesentlich teurer als Zucker war – kam es (wahrscheinlich) deswegen, um von der Preisgünstigkeit der Zutaten abzulenken. Man dehnte die Profitspanne also maximal aus, ohne bei den Kunden den Eindruck zu erwecken, man wolle sie übervorteilen.

Im Grunde genommen ist diese an sich irreführende Bezeichnung (aufgrund der EU-Richtlinie sowie der nationalen Honigverordnungen aus 2004 eigentlich auch nicht mehr zulässig) nichts anderes als eine klug durchdachte Marketing-Strategie – mit immerhin 100jährigem Erfolg!

Damit beim nächsten Kir(ch)tags-Besuch nicht auch Sie zu denjenigen zählen, die der Verkäufer mitleidig auf eine Fehlbezeichnung aufmerksam machen muß, sollen nun die am häufigsten mit „Türkischem Honig" verwechselten Leckereien vorgestellt werden.

Halwa / Helwa

Dabei handelt es sich um eine ziemlich feste, schneidfähige Paste, deren Hauptbestandteile feingestoßene Sesamsamen sowie Sesamöl und Zucker sind – parfümiert bzw. aromatisiert mit hunderterlei feinen Dingen: Pistazien oder Kakao sind die hierzulande am häufigsten anzutreffenden. Bereits die alten Griechen delektierten sich an Sesampaste; inwieweit diese mit dem heutigen Halwa ident ist, wird wahrscheinlich nie geklärt werden können. Aktuell wird Halwa immer als türkische Spezialität beschrieben, doch darf dabei nicht übersehen werden, daß die Griechen bis 1923 den türkischen Westen – das Zentrum der osmanischen Süßwarenherstellung – besetzt hielten.

Zu den obengenannnten Nachteilen des Halwa, die ja zur Erfindung des „Türkischen Honigs" führten: speziell in warmen Monaten beginnt Halwa aufgrund seines Ölreichtums zu zerfließen und wird unansehnlich – ein dem Verkauf nicht unbedingt zuträgliches Verhalten. Abgesehen davon traf sein (in seiner Heimat höchst begehrter) Geschmack nicht unbedingt den der Österreicher, stellte somit nicht gerade das dar, was man als „Verkaufsschlager" bezeichnen könnte.

Lokum / Rahat

Auf dem Balkan sowie in Griechenland „Rahat", in der Türkei „Lokum" genannte schwabbelige / gummiartige, meist zumindest durchscheinende und immer in Staub-/Puderzucker (hin und wieder auch in Kokosflocken) gewälzte feine Würfel. Details dazu s. Kapitel „Honig, einfach süß / Honig-Lokum / Rahat", S. 126).

Weisser Nougat / Nougat Montélimar

Mit großer Wahrscheinlichkeit kannten die mazedonischen Kanditen-Erzeuger in Österreich diesen Nougat zumindest aus der Literatur und haben bei der Erzeugung von „Türkischem Honig" nur den Honig weggelassen. Rezept dazu s. Kapitel „Honig, einfach süß / Nuß-Honig-Konfekt / Nougat Montélimar", S. 125)

Arabischer Honig

Zucker mit Wasser zum „großen Faden“ kochen, überkühlen lassen, Kokosflocken, Schokolade, Rum, Nüsse usw. einrühren, in Formen gießen, gänzlich auskühlen lassen, stürzen. Auch dieser „Honig“ wurde mit höchster Wahrscheinlichkeit von mazedonischen Kanditen-Erzeugern in Österreich „erfunden“.

Birnenhonig

1 l Birnensaft mit einigen EL Zucker so lange kochen, bis er stark eingedickt ist (fast schon breiig), und in Gläser füllen.

Birnenhonig hält sich einige Monate und fand früher als Fülle für Erdäpfelknödel/-klöße und als Brotaufstrich Verwendung. Im Prinzip war Birnenhonig aber auch Resteverwertung: Es wurden in der Regel bereits zu weiche oder gar schon matschig gewordene Birnen zur Bereitung herangezogen.

Birnenhonig paßt aber auch gut zu (gekochtem) Rindfleisch sowie in eine Wildsauce.

Löwenzahnhonig

500 g Löwenzahnblüten-Blätter (nur das Gelbe!) • 2 l Wasser • 2 kg Zucker

Blätter mit Wasser zustellen und 5 – 10 Min. kochen. Über Nacht zugedeckt stehen lassen. Dann die Flüssigkeit durch ein feines Leinentuch pressen. Die wegzuwerfenden Blätter sollten so stark wie irgend möglich ausgepreßt sein.

Nun die ausgepreßte Flüssigkeit mit dem Zucker zu einem dickflüssigen Brei einkochen – rechnen Sie mal mit ca. 3 Std. Danach in dicht schließende Gläser füllen – hält sich aufgrund des Zuckergehaltes jahrelang.

Dieser Löwenzahnhonig ist freilich kein Honig im Sinne dieses Buches – ein Butterbrot mit ihm und einigen Gänseblümchenblüten ist trotzdem ein Genuß!

Maiwipferlhonig

...wird wie Löwenzahnhonig hergestellt, nur werden anstelle von Löwenzahnblüten die Ende April / Anfang Mai hervorschießenden Triebe von Nadelbäumen verwendet. Sie sollten nicht länger als 1 – 2 cm sein; je länger, um so bitterer sind sie.

HONIG IM BEAUTY-CASE

Bereits im ägyptischen Altertum fand Honig auch in der Kosmetik Verwendung. Über die alten Griechen kamen die Rezepturen und Anwendungen ins Römische Reich und wurden auch dort erfolgreich eingesetzt. Aufgrund der finsteren frühmittelalterlichen Zeitläufte mußten Hexen und Zauberer des ausgehenden Mittelalters die Verwendung des Honigs neu definieren, kamen aber kosmetisch (wie therapeutisch – s. Kapitel „Vom Honig / Gesundheitliches“, S. 39) zu denselben Ergebnissen wie die alten Ägypter.

Parallel zu diesen verfolgten Minderheiten empfahl aber auch die hehre Wissenschaft in Person des Meister Paracelsus den Honig nicht nur als Heilmittel, sondern auch als Kosmetikum usw. usf. Man könnte die Liste noch lange – bis zu den aktuell weltweit operierenden Kosmetik-Imperien – weiterführen, doch genug der Historie!

In erster Linie wird auch heute Honig zur Hautpflege empfohlen – er entzieht der Haut Unreinheiten, seine keimtötende Wirkung tut das übrige, und seine großartige Zusammensetzung erhöht die Reproduktionsfähigkeit der Hautzellen. Kurz gesagt: Honig wirkt straffend und regenerierend.

Spröde und rissige Haut, z.B. an Füßen, Händen oder Lippen, wird durch einfaches Bestreichen mit Honig schnell wieder weich.

Tägliche Waschungen mit Honigwasser (mit oder ohne Seife) machen die Haut jugendlich, frisch und rosigzart.

Honigseife stellt man dergestalt her, daß man ca. 500 g Kernseife (in Drogerie erhältlich) in kleine Stücke schneidet und mit Wasser im Wasserbad so lange kocht, bis sie sich gänzlich aufgelöst hat und Wasser praktisch nicht mehr vorhanden ist. Dann ca. 50 g Honig zusetzen und die Masse (in Formen) erkalten lassen.

Selbstverständlich kann die Seife auch mit Rosenöl, Veilchenessenz oder dgl. parfümiert werden.

Man kann dies alles freilich noch wesentlich verfeinern und weitere, für die Haut günstige Produkte hinzufügen – sozusagen die Nonplusultra-Gesichtsmaske kreieren:

Mischungen aus gleichen Teilen Honig, rohem Eidotter/Eigelb und saurem Rahm sind eine ideale Erfrischungsmaske für die Gesichtshaut.

Auch eine Mischung aus Dotter, Honig und Glyzerin reinigt und erfrischt die Haut ganz ungemein.

Denselben Effekt erzielen Sie auch mit Gemischen aus Honig und etwas Alkohol bzw. Honig und Topfen/Quark. Jede der genannten Gesichtsmasken wird mit einem Wattebäuschchen aufgebracht; Einwirkzeit jeweils ca. 15 Min.

Nach Kräuterpfarrer Weidinger soll man gegen empfindliche Gesichtshaut ein Gemisch aus je 1 EL Lilienöl, Honig und Zwiebelsaft mit 1 Eidotter/Eigelb herstellen und abends die Gesichtshaut damit einstreichen – erst nächsten Morgen wieder abwaschen.

Honig, mit Heilerde verrührt, wirkt hervorragend gegen alternde Haut. Auch sollen über einen längeren Zeitraum verabreichte Honigeinreibungen Runzeln und Falten verschwinden lassen. Innerhalb eines kürzeren Zeitraumes verabreichte Einreibungen lassen sogar Pickel und Hautreizungen vergessen.

Dick mit etwas Salz aufgetragener Honig lindert auch die Auswirkungen von Bienen- und Gelsenstichen, verhindert somit die lästigen und unschönen Folgen des Kratzens.

Ein Gemisch aus Honig und Saft der Kresse „vertreibt“ Sommersprossen – meint zumindest J. Dotzauer, Wanderlehrer für Bienenzucht.

Eine Ganzkörper-Lotion stellt das Milch-Honig-Bad dar. Cleopatra – wer sonst? – soll dafür Patin gestanden haben. Ca. 1 l Milch und 1/4 l Honig ins Badewasser geben, und schon kann Ihnen – zumindest bezüglich Ihrer Oberfläche – nichts Unangenehmes mehr widerfahren.

Dazu ist eigentlich nur zu sagen, daß nicht gewiß ist, ob Cleopatra tatsächlich Honig mit ins Bad mitgenommen hat (soweit wir wissen, taten dies aber andere Alt-Ägypter sehr wohl), und es ist auch nicht sicher, ob die Milch (die vielfach als Eselsmilch tituliert wird) nicht vielleicht doch „nur" Talkumstaub (der die Haut erwiesenermaßen weich macht) war.

Ein weiterer, gut dokumentierter – aber nicht genügend erforschter – Anwendungsbereich des Honigs im Kosmetikbereich ist die Fülle, das Volumen und der Glanz der Haarpracht.

Als Basismittel wird immer wieder ein Gemisch aus Seife, sehr wenig Alkohol, Eidotter/Eigelb und purem Honig genannt (hin und wieder mischt sich auch Bier darein). Haare auf übliche Art reinigen, spülen, das Honiggemisch 15 Min. einwirken lassen, wieder ausspülen.

Für besonders trockenes Haar empfiehlt sich noch die Beigabe von Olivenöl.

Es mag vielleicht ein wenig banal klingen, aber im Prinzip ist es ratsam, jeder Gesichtsmaske / -lotion und jedem Haartonikum / -kur etwas Honig beizumengen – Sie werden sehen, es nützt!

HONIG, ASSOZIATIV

REDEWENDUNGEN

Mit der umgangssprachlichen Wendung **Grinsen / Strahlen wie ein Honigpferd** will ausgedrückt sein, daß der damit Bedachte eine außerordentlich große (vielleicht aber etwas unbedarfte) Freude zeigt.

Zurückgehen dürfte diese Wendung auf glänzend überzogenen Lebkuchen in Pferdeform früherer Zeiten, womit wir wieder mal beim vorchristlichen Gedanken- und Kulturgut angelangt wären. Das Pferd stand/steht für Vitalität, Ausdauer, Edelmut und Intelligenz; es wurde zum Sonnensymbol und Zeichen des Sieges. Bei den Germanen war es ein beliebtes Opfertier, welches auch gerne verschmaust wurde – Pferdefleischgenuß war (und ist) im Christentum nicht wirklich gesellschaftsfähig, vielleicht wich man deshalb – eingedenk einer uralten (Opfer-)Tradition – auf Lebkuchenpferde aus.

Jemandem Honig ums Maul / um den Bart schmieren – diese Wendung wird im Sinne von jemandem übermäßig schmeicheln / verwöhnen („lobhudeln"), um ihn günstig zu stimmen, angewandt. Man gibt ihm also nicht nur einen Löffel des köstlichen Honigs, sondern füllt gleich die ganze Mundhöhle und schmiert auch noch ein bißchen außen drauf.

Wahrscheinlich ebenfalls eine uralte Wendung, die auf Zeiten zurückgeht, als Honig die einzige Nascherei war. Ein leichter Klang von Luxus schwingt da noch immer mit (s. Kapitel „Vom Honig / Geschichtliches", S. 12).

Rein hypothetisch wurde auch ein Zusammenhang mit der uralten chinesischen Sitte hergestellt, dem Bild des Herd- und Küchengottes Honig auf die Lippen zu schmieren, um ihn freundlich zu stimmen. Vielleicht führten Asienreisende (Marco Polo?) nach ihrer Rückkehr diese Sitte in Europa ein.

Auch in indischen Haushalten schmierte man den erstgeborenen Söhnen zumindest ein Gemisch aus Honig und Wasser um's/auf's Maul – (s. Kapitel „Honig, flüssig / Met", S. 50).

Im zweiten Buch Moses, 3,8, verheißt Gott den Kindern Israels nach dem Auszug aus Ägypten das Gelobte Land, in dem **Milch und Honig fließen** (diese Wendung begegnet uns beim Studium der Bibel noch ca. 20 Mal).

Umgangssprachlich wird heute damit ein irdisches (meist wirtschaftliches) Paradies bezeichnet.

Es wird auch die Meinung vertreten, daß mit Milch nicht die Kuh- / Kamel- / Ziegenmilch, sondern die Mandelmilch gemeint sein könnte (s. Rezeptteil „Honig, flüssig", S. 43).

Das ist kein Honiglecken – bedeutet mehr oder weniger das Gegenteil von vorgenannter Redewendung. Umgangssprachlich werden extreme körperliche / geistige / psychische Anstrengungen (bei Arbeit, Sport, Abenteuer) als „kein Honiglecken" bezeichnet.

Als **honigsüße Rede** bezeichnet man umgangssprachlich übertrieben liebenswürdige / schmeichelnde Ansprachen / Festreden (sog. „Lobhudeleien").

Zurückgehen dürfte diese Wendung auf die homerische „Ilias", in welcher vom – wegen seiner Weisheit und Redegewandtheit hochgerühmten – Sagenheld / -könig Nestor behauptet wird, er sei einer, „dem von der Zunge süßer als Honig die Rede fließt".

Ganz anders meint der Ausdruck **„Honiggöschle"** (Verkleinerungsform der Wiener **„Honiggosch'n"**, abseits des Wiener Charmes vielleicht mit „Honigmund" zu übersetzen) ein „süßes Mädchen", welches es ganz einfach aufgrund seines Äußeren wert ist, erobert zu werden. In manchen Bundesländern nennt man diese Subjekte der Begierde auch **„Honigpüpple".**

Der **Honigmond** ist besser in seiner englischsprachigen Version – **Honeymoon** – bekannt. Mit diesem Ausdruck wird vornehmlich in den nördlichen USA, aber auch in Frankreich (lune de miel) die süße Zeit der Flitterwochen benannt. In letzter Zeit wird dieser Ausdruck aber wieder re-importiert.

Zurückzuführen ist der Begriff auf die germanische Sitte, daß sich frisch vermählte Eheleute während der ersten vier Wochen ihrer neuen Daseinsform ausschließlich dem Honiggenuß (natürlich in Form von Met) hingeben konnten – sie somit das zuvor erwähnte „Honiglecken" hatten.

Es gibt mehrere Formen von Bar-Getränken mit dem Namen „Honeymoon" – doch keines davon enthält Honig oder Met.

PFLANZEN

Die honigsüße **Honigmelone** *(Cucumis melo)* ist ein ursprünglich in den Tropen beheimatetes Kürbisgewächs, welches heute auch in wärmeren Gebieten der gemäßigten Zonen in Kultur gezogen wird. Bei den Früchten aller Melonensorten handelt es sich um Beerenfrüchte.

Bei der **Honigblume** *(Hoya carnosa)* handelt es sich um eine Zimmerpflanze mit weißen oder rosafarbenen, stark nach Honig duftenden Blüten aus der Gattung der Schwalbenwurzgewächse.

In manchen Gegenden Österreichs und Deutschlands wird auch das Brillenschötchen *(Biscutella spp.)* aufgrund des Blütenduftes als Honigblume bezeichnet.

Honigapfel – veraltete Bezeichnung für die Quitte (s. auch Kapitel „Honig pur / Melomeli“, S. 42).

Honigblatt bezeichnet in der Botanik ein nur Nektar produzierendes, jedoch nicht zur Pollenbildung befähigtes Staubblatt der Blüte (v.a. bei Hahnenfußgewächsen).

Der **Echte Honigklee** *(Melilotus officinalis)* ist eine zweijährige, krautige, ca. 80 cm hohe, auf steinigem Grund gedeihende Pflanze. In der Volksheilkunde wird aus der blühenden Pflanze und Schweineschmalz eine Salbe zur Erweichung von diversen Verhärtungen (z.B. Milchknoten) gekocht. Wirkstoff ist das Melilotosid, aus welchem beim Trocknen der Pflanze der Duftstoff Kumarin entsteht. Beginnt sie aufgrund schlechter Lagerbedingungen zu schimmeln, entsteht daraus das giftige Melitoxin, welches nach Einnahme zur Hemmung der Synthese von Vitamin K-abhängigen Blutgerinnungsfaktoren führt – der Patient verblutet innerlich.

Die vom Aussterben bedrohte Wildform der **Honigpalme** *(Jubaea chilensis)* gedeiht in einem kleinen Gebiet (trockene Dornbuschvegetation) an der mittelchilenischen Pazifikküste und klettert die Anden bis auf ca. 1.400 m hinauf. Mit einer Höhe bis zu 30 m ist sie die höchste unter allen Palmenarten; mit einem Stammesdurchmesser bis zu 2 m verfügt sie auch über die dicksten Stämme im Palmenreich. Die Honigpalme ist auch die am langsamsten wachsende Palme: bis sie beginnt, einen Stamm zu bilden, vergehen locker an die 30 Jahre; erst ab dem 40. bis 60. Lebensjahr beginnt sie zu blühen und produziert kleine, eßbare Samen.

Die Gründe für das mögliche Aussterben sind dieselben wie für die Namensgebung: Ältere Exemplare werden aufgrund des im Stamm zirkulierenden zuckerhaltigen Saftes rigoros abgeholzt. Aus diesem Saft werden Palmhonig (eine teure chilenische Spezialität), Palmwein und durch Reduktion Palmzucker hergestellt.

Kulturformen gedeihen v.a. in Australien und Nordamerika. In Europa kann man kultivierte Honigpalmen am Lago Maggiore bestaunen.

Unter (pflanzlichem!) **Honigtau** verstand/versteht man die zuckerhaltigen Ausscheidungen von Getreidepflanzen, welche vom (extrem giftigen) Mutterkorn *(Claviceps purpurea)* befallen sind.

Noch bis spät in die dreißiger Jahre des 20. Jhdt.s. hielt eine erbittert geführte Debatte über die Herkunft des (heute erwiesenermaßen tierischen) Honigtaus auf Bäumen die Zunft der Imker in Atem: Die eine Seite behauptete, die Läuse regten die Blätter / Nadeln nur zu Ausscheidungen an, die andere Seite vertrat die im Kapitel „Vom Honig / Warenkundliches“ dargestellte Sichtweise – und behielt recht.

Was das ausdauernde, bis zu 1 m hoch werdende **Wollige Honiggras** *(Holcus lanatus)* mit Honig zu tun hat, konnte ich leider nicht eruieren. Selbes gilt für das **Weiche Honiggras** *(Holcus mollis)*.

Bezüglich **Honigpilz** verweise ich auf das Rezept S. 109.

TIERE

Der schwarzweiß gefärbte, inkl. Schwanz ca. 1 m lange **Honigdachs** (auch Ratel, *Mellivora capensis)* zählt zur Familie der Marder, lebt in ganz Afrika und großen Teilen Asiens und ist – grundsätzlich betrachtet – ein Allesfresser. Seinen Namen verdankt er allerdings seiner absoluten Lieblingsspeise – Honig. Für diesen läßt er alles links liegen. Selbst die Evolution beugte sich diesem unbändigen Verlangen: Die Haut des Honigdachses ist dermaßen derb und dick, daß Bienen- und Wespenstacheln sie nicht durchdringen können. Und um den Honig zu finden, entwickelte sich – zumindest in Teilen Afrikas – eine schöne Symbiose mit dem nächsten vorzustellenden Tier.

Einige Arten der zur Familie der Spechtvögel zählenden Gattung der **Honiganzeiger** *(Indicatoridae)* merken sich aufgrund optischer bzw. sogar olfaktorischer Phänomene die Lage von Bienenstöcken, welche sie auf ihren Flügen entdeckt haben. Sobald der Honiganzeiger ein größeres Säugetier erblickt, stößt er ganz bestimmte Piepser aus und führt das Tier – vorausgesetzt, dieses ist honigliebend – zum Bienenstock. Der zuvor genannte Honigdachs erkennt diese Piepser sofort, folgt mehr als bereitwillig und gerät dabei immer mehr in Raserei. Das gefundene Paradies wird mit Brachialgewalt ausgeräumt, die Waben wirbeln nur so durch die Luft – ein Massaker. Am Boden leckt der Honigdachs dann genüßlich den Honig auf, und der Honiganzeiger delektiert sich an den Larven und Puppen. Aufgrund eines Bakteriums in seiner Darmflora ist der Honiganzeiger auch befähigt, das an sich unverdauliche Wachs bis zum Fettsäuren-Niveau abzubauen.

Am besten ist dieses Verhalten beim afrikanischen Strichelstirn- oder Schuppen-Honiganzeiger *(Indicator variegatus)* sowie beim ebenfalls afrikanischen Großen oder Schwarzkehl-Honiganzeiger *(Indicator indicator)* entwickelt.

In den Böden der Wüsten- und Steppengebiete Australiens betreiben die **Honigameisen** *(Melophorus spec.)* eine höchst außergewöhnliche, fast gruselig anmutende Vorratshaltung. In guten Zeiten werden bestimmte, im Innendienst tätige Arbeiterinnen derart übermäßig mit zuckerhaltiger Nahrung (z.B. Nektar) gefüttert, daß ihr Hinterleib – in diesem Fall Honigtopf genannt – auf das bis zu achtfache Volumen anschwillt. Diese „Speichertiere“ werden mehrere Meter unter der Erdoberfläche in „Kellerverliesen“ gemästet und gefangengehalten. In schlechten Zeiten wird dann der Inhalt der Honigtöpfe durch Mund-zu-Mund-Fütterung an die hungernde Gemeinschaft wieder abgegeben. Da dieses Verhalten ein Zugrundegehen des Ameisenstaates verhindert, spricht man auch von „sozialem Magen“. Bereits die Ureinwohner Australiens waren über dieses Phänomen informiert, gruben die Honigtöpfe aus und aßen sie mit „Haut und Haaren“ – ein Festschmaus.

Honigameisen leben auch in Nordamerika, nur werden sie dort „Wüstenameisen“ genannt.

Eine Art von Honigameisen – *Prenolepis nitens* – wurde erst kürzlich in den Kärntner Bergen entdeckt.

Die zur Ordnung der Singvögel gerechneten **Honigfresser** *(Meliphagidae)* sind etwa sperlinggroße, leuchtendrote oder in grünen Glanzfarben schillernde Vögel Australiens und Neuseelands. Ein allen Arten gemeinsames Merkmal sind ein dünner, abwärts gebogener Schnabel sowie eine überaus lange Zunge, die zu einer Röhre zusammengebogen werden kann und deren Ende gleich einem Pinsel ausgefranst ist. Diese technischen Einrichtungen befähigen die Honigfresser zum Saugen von Nektar. Ähnlich den Kolibris „stehen“ sie dabei im Rüttelflug vor/über der Blüte. Eine Reihe von Bäumen Australiens ist auf die Bestäubung durch Honigfresser angewiesen.

STEINE

Die **Honigblende** ist eine honiggelb gefärbte, halbmetallisch glänzende, eisenarme Zinkblende (Sphalerit) – ein kubisches Mineral mit der chemischen Zusammensetzung (Zn/Fe)S, Härte 3,5 – 4.

Der **Honigstein** (auch Mellit) ist eine pyramidal kristallisierende, derbe, durchscheinende, organische Verbindung von honiggelber (bis brauner) Farbe mit der chemischen Formel $Al_2\ [C_{12}\ O_{12}] \cdot 18\ H_2O$. In der Regel findet man die Kristalle in Braunkohlelagerstätten.

Der Autor:
REINHARD DIPPELREITHER, geb. 1955, ist Sachbuchautor, Maler und Reiseleiter. Er lebt in Niederösterreich und gelegentlich in Afrika. Im Leopold Stocker Verlag sind von ihm erschienen: Das Gulasch-Kochbuch (2002); Das Innereien-Kochbuch (2003); Das Schnitzel-Kochbuch (2004).